ISO 9001:2026.
GUÍA PRÁCTICA PARA IMPLANTAR LOS CAMBIOS.
ANÁLISIS DE REQUISITOS, EJEMPLOS PRÁCTICOS Y AUTODIAGNÓSTICO

ANA SAMPER

ISO 9001:2026. Guía práctica para implantar los cambios. Análisis de requisitos, ejemplos prácticos y autodiagnóstico

Autora: Ana Samper

Diseño de cubierta: Martín Ángel Rodríguez Molina

Maquetador: Carlos Benita Rodríguez

Editora y correctora: Ligia Boga

Edita:
© FUNDACIÓN CONFEMETAL
Príncipe de Vergara, 74 – 28006 Madrid
Tel.: 917.823.630
editorial@fundacionconfemetal.es
www.fundacionconfemetal.com

ISBN: 978-84-10315-52-5
Depósito legal: M-10939-2026

Si quiere información acerca de nuestras publicaciones, visítenos en:

www.fundacionconfemetal.com

O escríbanos a:

editorial@fundacionconfemetal.es

Síganos en:

 Fundación Confemetal

 @FCONFEMETAL

 Fundación Confemetal

ÍNDICE

Sobre la autora

Ana Samper Orbe (Bilbao, 1973) es licenciada en Ciencias Químicas por la Universidad del País Vasco (UPV/EHU) y cuenta con más de 25 años de experiencia en el ámbito de los sistemas de gestión, con especialización en calidad, gestión ambiental y seguridad y salud en el trabajo.

Es socia de ADOK Certificación, entidad acreditada por ENAC, donde ejerce como directora técnica. En el desempeño de estas funciones es responsable de la integridad y eficacia del sistema de gestión de la entidad, actúa como interlocutora ante organismos de acreditación y participa en procesos de evaluación externa.

Desarrolla y mantiene el sistema de certificación, definiendo criterios técnicos, metodologías y procedimientos aplicables a las actividades de auditoría y certificación, y garantizando su coherencia, trazabilidad e imparcialidad. Asimismo, coordina las distintas funciones de la entidad, incluido el desarrollo de nuevos esquemas de certificación en colaboración con la dirección y los responsables de producto.

En el ámbito de la competencia técnica, lidera los procesos de cualificación, evaluación y seguimiento del personal auditor y no auditor, con competencia para la toma de decisiones relativas a su capacitación y mantenimiento de competencia. Igualmente, gestiona los comités de imparcialidad, velando por el cumplimiento de los principios de independencia y objetividad exigidos en los procesos de certificación.

Auditora jefe cualificada en normas como ISO 9001, ISO 14001 e ISO 45001, cuenta con amplia experiencia en auditorías de tercera parte en organizaciones de diversos sectores.

A lo largo de su trayectoria ha colaborado con diversas entidades de certificación y ha desarrollado su actividad en los ámbitos de la auditoría, la consultoría y la formación especializada. Su perfil combina una sólida base técnica con un profundo conocimiento aplicado de los estándares internacionales, lo que le permite abordar con rigor el análisis, la interpretación y la adaptación de las organizaciones a los cambios normativos, especialmente en normas como ISO 14001:2026 e ISO 9001:2026.

1.
INTRODUCCIÓN

Este documento tiene como objetivo analizar los cambios introducidos en la norma ISO 9001:2026 respecto a la versión ISO 9001:2015 y facilitar a las organizaciones la comprensión de los nuevos requisitos y su impacto en los sistemas de gestión de la calidad.

2.
EVOLUCIÓN DE LA NORMA ISO 9001: DESDE SUS ORÍGENES HASTA ISO 9001:2026

La norma ISO 9001 es, desde su publicación inicial, uno de los estándares internacionales más influyentes y ampliamente adoptados en el ámbito de la gestión organizativa. Su evolución refleja no solo los cambios en las prácticas de gestión de la calidad, sino también la transformación de los modelos organizativos, los mercados, la tecnología y las expectativas de las partes interesadas.

Desde sus primeras versiones, centradas fundamentalmente en el aseguramiento de la calidad mediante el control documental y la verificación, hasta las versiones más recientes, orientadas al desempeño, al riesgo y a la estrategia, la norma ISO 9001 ha experimentado una evolución progresiva que la ha llevado desde un enfoque normativo-prescriptivo hacia un enfoque de gestión integral. La revisión prevista para 2026 se enmarca en esta trayectoria, consolida tendencias ya iniciadas en versiones anteriores y adapta la norma a un entorno organizativo cada vez más complejo, digitalizado y dinámico.

El origen de la norma ISO 9001 se sitúa en los años ochenta, en un contexto marcado por la necesidad de armonizar criterios de calidad en el comercio internacional. Antes de la existencia de normas internacionales unificadas, los requisitos de calidad variaban significativamente entre países y sectores, lo que generaba barreras técnicas al comercio y dificultades para asegurar niveles homogéneos de calidad.

Los antecedentes directos de la norma ISO 9001 se encuentran en normas de aseguramiento de la calidad desarrolladas en el ámbito militar e industrial, como la norma británica BS 5750. Estas normas estaban orientadas a garantizar que los proveedores cumplieran los requisitos definidos, especialmente en sectores donde la fiabilidad y la seguridad eran críticas.

En este contexto, la Organización Internacional de Normalización (ISO) publicó en 1987 la primera edición de la serie ISO 9000, con el objetivo de establecer un marco común para los sistemas de aseguramiento de la calidad, aplicable a organizaciones de cualquier tipo y sector.

1 ISO 9001:1987. Enfoque de aseguramiento de la calidad

La primera edición de la norma ISO 9001, publicada en 1987, estaba claramente orientada al aseguramiento de la calidad. Su enfoque se basaba en la verificación del cumplimiento de requisitos especificados, con una fuerte orientación hacia los siguientes elementos:

- Procedimientos documentados.
- Control de registros.
- Inspección y ensayo.
- Control del producto no conforme.

La norma presentaba un enfoque altamente prescriptivo, estructurado en requisitos detallados que debían cumplirse de forma explícita. El énfasis estaba puesto en la capacidad de la organización para demostrar la conformidad, más que en la mejora del desempeño o en la satisfacción del cliente.

En esta etapa, la norma ISO 9001 se percibía principalmente como una herramienta contractual, utilizada para demostrar fiabilidad ante los clientes, especialmente en entornos industriales y de fabricación.

2 ISO 9001:1994. Consolidación del enfoque documental

La revisión de 1994 mantuvo la filosofía de aseguramiento de la calidad y reforzó aún más el control documental y la prevención de no conformidades. Se introdujo el concepto de acciones preventivas, aunque todavía desde una perspectiva reactiva y procedimental.

Esta versión consolidó la percepción de la norma ISO 9001 como una norma altamente burocrática, centrada en procedimientos escritos y registros, lo que generó críticas por su rigidez y su limitada aportación a la mejora real de las organizaciones.

No obstante, esta etapa fue clave para la difusión global de la norma y para establecer una base común de prácticas de gestión de la calidad.

3 ISO 9001:2000. El cambio de paradigma: enfoque a procesos

La revisión del año 2000 supuso un punto de inflexión fundamental en la evolución de la norma ISO 9001. Esta versión introdujo el enfoque basado en procesos, desplazando el énfasis desde los procedimientos aislados hacia la gestión integrada de procesos interrelacionados.

Entre los cambios más significativos destacan los siguientes:

- Introducción explícita del enfoque a procesos.
- Mayor énfasis en la satisfacción del cliente.
- Integración de la mejora continua como principio central.
- Simplificación de la estructura de la norma.

La norma ISO 9001:2000 transformó la norma en una herramienta de gestión, alejándola progresivamente de su imagen de sistema puramente documental. Este cambio facilitó su adopción por organizaciones de servicios y por sectores no industriales.

 4 ISO 9001:2008. Clarificación y estabilidad

La edición de 2008 no introdujo cambios sustanciales en los requisitos, sino que se centró en clarificar interpretaciones, mejorar la coherencia del texto y facilitar su aplicación.

Esta versión consolidó el modelo introducido en 2000, aportó estabilidad y permitió a las organizaciones madurar sus sistemas de gestión de la calidad sin afrontar cambios disruptivos.

 5 ISO 9001:2015. Integración estratégica y enfoque basado en riesgos

La revisión de 2015 representó otro hito clave en la evolución de la norma. Introdujo cambios estructurales y conceptuales de gran alcance, entre los que destacan los siguientes:

- Adopción de la estructura de alto nivel (HLS).
- Introducción del análisis del contexto de la organización.
- Identificación de partes interesadas.
- Enfoque basado en riesgos y oportunidades.
- Refuerzo del liderazgo de la alta dirección.
- Eliminación del requisito del representante de la dirección.

La norma ISO 9001:2015 supuso la integración definitiva del sistema de gestión de la calidad en la estrategia de la organización, al promover un enfoque más flexible, menos prescriptivo y orientado al desempeño.

Esta versión consolidó la transición desde un sistema centrado en el cumplimiento hacia un sistema orientado a resultados y a la creación de valor.

Tendencias y motivaciones de la revisión ISO 9001:2026

La revisión prevista para 2026 no surge de la necesidad de corregir deficiencias graves, sino de la voluntad de adaptar la norma a un entorno en rápida evolución. Entre los factores que impulsan esta revisión destacan los siguientes:

- Digitalización y uso intensivo de tecnologías.
- Mayor complejidad organizativa.
- Cambios acelerados en los mercados.
- Incremento de las expectativas de las partes interesadas.
- Necesidad de resiliencia y de gestión del cambio.

La norma ISO 9001:2026 se concibe como una revisión evolutiva, que mantiene la estructura y los principios de 2015, pero refuerza su aplicación práctica y su orientación estratégica.

6 ISO 9001:2026. Consolidación del enfoque basado en el desempeño

La revisión prevista para 2026 refuerza tendencias ya existentes y pone especial énfasis en los siguientes aspectos:

- Carácter dinámico del contexto de la organización.
- Gestión sistemática del cambio.
- Integración real del enfoque basado en riesgos.

(continuación...)

- Liderazgo activo y demostrable.
- Evaluación del desempeño basada en datos.
- Mejora alineada con la estrategia.

La norma consolida su papel como herramienta de gestión integral, capaz de adaptarse tanto a organizaciones tradicionales como a entornos altamente digitalizados e innovadores.

La evolución de la norma ISO 9001 desde 1987 hasta la revisión prevista para 2026 refleja un proceso continuo de maduración conceptual y práctica. La norma ha pasado de ser un estándar de aseguramiento de la calidad, centrado en el control y la documentación, a convertirse en un marco de gestión estratégica, orientado al desempeño, la mejora continua y la creación de valor.

La norma ISO 9001:2026 representa la culminación de una trayectoria evolutiva que refuerza la integración del sistema de gestión de la calidad en la gestión global de la organización.

Esta transición explica, en gran medida, el éxito sostenido de la norma y su vigencia como referencia internacional en un entorno organizativo en constante transformación.

3.
PRINCIPALES CAMBIOS INTRODUCIDOS EN LA NORMA ISO 9001:2026

La revisión de la norma ISO 9001 prevista para 2026 no supone una ruptura con la estructura ni con los principios establecidos en la edición de 2015, sino una evolución orientada a reforzar la eficacia del sistema de gestión de la calidad (SGC) y su alineación con la estrategia y el entorno de la organización. A continuación, se analizan los principales cambios identificados.

En primer lugar, el enfoque basado en riesgos, introducido formalmente en la norma ISO 9001:2015, se consolida en la versión de 2026 mediante una integración más profunda en los procesos operativos y en la toma de decisiones. Se reduce la expectativa de análisis de riesgos puramente documentales y se incrementa la exigencia de evidencias de gestión efectiva del riesgo, vinculadas al desempeño y a los resultados del sistema.

El contexto de la organización, que en la edición de 2015 se abordaba principalmente como un ejercicio inicial de identificación, adquiere en la revisión de 2026 un carácter más dinámico. Se refuerza la necesidad de revisar y actualizar periódicamente los factores internos y externos que afectan al SGC, especialmente en entornos caracterizados por cambios tecnológicos, regulatorios y de mercado.

De forma coherente con lo anterior, el tratamiento de las partes interesadas evoluciona hacia un enfoque más activo. La identificación de necesidades y expectativas deja de ser un requisito estático para convertirse en un proceso de seguimiento y análisis continuo, lo que permite a la organización anticipar impactos derivados de cambios en dichas partes interesadas.

En relación con el liderazgo, la versión de 2026 incrementa el nivel de exigencia respecto a la implicación directa de la alta dirección. Se espera una participación más visible y verificable en la planificación, el seguimiento y la mejora del SGC, lo que reduce la práctica, habitual en algunos casos, de delegar completamente la responsabilidad del sistema en el responsable de calidad.

La gestión del cambio, que en la norma ISO 9001:2015 se encontraba implícita en diversos requisitos, pasa a abordarse de forma más estructurada. La norma refuerza la necesidad de planificar, evaluar y controlar los cambios que puedan afectar al sistema de gestión, garantizando la continuidad del desempeño y la coherencia con los objetivos estratégicos.

Asimismo, el conocimiento organizacional adquiere mayor relevancia, especialmente en lo relativo a su preservación y transferencia. Este énfasis responde a factores como la rotación de personal, la digitalización de procesos y la dependencia creciente de conocimientos críticos para la operación y la mejora continua.

En cuanto a la documentación, la revisión de 2026 mantiene el enfoque flexible introducido en 2015. No se prevé un incremento de requisitos documentales, sino una continuidad en la orientación hacia una información documentada adecuada al contexto, al tamaño y a la complejidad de la organización.

Un aspecto novedoso es el reconocimiento explícito del entorno digital. Aunque la norma no establece requisitos tecnológicos específicos, sí asume la digitalización como parte inherente del contexto organizacional, considerando los sistemas digitales como elementos integrados del SGC y de los procesos de seguimiento, medición y análisis.

Por otro lado, la sostenibilidad comienza a incorporarse de manera indirecta, principalmente como parte del contexto externo de la organización. Sin constituir un requisito específico, se espera que las organizaciones consideren los aspectos relacionados con la sostenibilidad, la responsabilidad social y el compromiso ético en la planificación y la dirección del sistema de gestión.

Respecto a la auditoría interna, la revisión de 2026 refuerza su orientación hacia la evaluación de la eficacia y el desempeño del sistema, más allá de la mera verificación de conformidad. Se potencia el enfoque basado en riesgos y en resultados, alineando la auditoría con la mejora del valor aportado por el SGC.

Finalmente, el principio de mejora continua evoluciona hacia una mejora con mayor enfoque estratégico. La norma promueve que las acciones de mejora estén alineadas con los objetivos del negocio y contribuyan de forma directa a la competitividad y a la sostenibilidad de la organización.

En conjunto, la norma ISO 9001:2026 refuerza la transición desde un sistema de gestión centrado en el cumplimiento hacia un sistema orientado al desempeño, la estrategia y la creación de valor, mantiene la compatibilidad con la estructura de alto nivel y facilita su integración con otros sistemas de gestión.

Cambios clave entre ISO 9001:2015 e ISO 9001:2026

Aspecto	ISO 9001:2015	ISO 9001:2026 (prevista)	Impacto práctico
Enfoque basado en riesgo	Introducido como concepto clave.	Se refuerza y se integra de forma más eficaz en los procesos.	Menos «análisis teórico» y más gestión real del riesgo.
Contexto de la organización	Identificación inicial del contexto.	Mayor énfasis en la revisión continua del contexto.	La empresa debe actualizar su contexto con más frecuencia.
Partes interesadas	Identificación de necesidades y expectativas.	Se amplía el enfoque para incorporar cambios dinámicos.	Se espera un seguimiento activo, no solo un listado inicial.
Liderazgo	Compromiso de la alta dirección.	Mayor evidencia de un liderazgo activo.	Menos delegación total en el responsable de calidad.

Gestión del cambio	Implícita en varios requisitos.	Tratamiento más explícito y estructurado.	Se refuerza la planificación y el control de cambios.
Conocimiento organizacional	Identificación y mantenimiento.	Mayor foco en la preservación y la transferencia.	Es importante para la rotación de personal y la digitalización.
Documentación	Flexibilidad documental.	Se mantiene la flexibilidad.	No se espera un aumento de la burocracia.
Digitalización	No tratada explícitamente.	Reconocimiento del entorno digital.	Los sistemas digitales pasan a ser parte natural del SGC.
Sostenibilidad	No incluida directamente.	Considerada como contexto externo.	Conexión indirecta con sostenibilidad, los criterios ESG y la estrategia empresarial.
Auditoría interna	Evaluación del sistema.	Evaluación del desempeño y de la eficacia.	Auditorías más orientadas al valor.
Mejora continua	Mejora incremental.	Mayor foco en la mejora estratégica.	La mejora se alinea con los objetivos del negocio.

Como resumen, puede afirmarse que la norma ISO 9001:2026 introduce los siguientes cambios relevantes, que requieren un análisis detallado:

- Mayor énfasis en la gestión del cambio y la resiliencia organizativa.
- Refuerzo del enfoque basado en riesgos y oportunidades.
- Integración más clara del sistema de gestión con la estrategia del negocio.
- Mayor importancia de la gestión del conocimiento y la digitalización.
- Clarificación de los requisitos relacionados con las partes interesadas.
- Mayor coherencia con criterios de sostenibilidad y compromiso ético.

Estos cambios obligan a las organizaciones a revisar no solo su documentación, sino también la forma en que el sistema de gestión se integra en la toma de decisiones.

4.
ANÁLISIS DETALLADO DE LOS CAMBIOS POR CAPÍTULOS

En los apartados siguientes se realizará un análisis detallado de cada capítulo de la norma ISO 9001:2026, comparado con los requisitos equivalentes de la norma ISO 9001:2015.

En cada apartado se incluye:

- Capítulo de la norma.
- Requisito de la norma ISO 9001:2015.
- Requisito de la norma ISO 9001:2026.
- Identificación del cambio.
- Análisis técnico del cambio.
- Implicaciones para la organización.
- Enfoque de auditoría y certificación.

CAPÍTULO 4.
CONTEXTO DE LA ORGANIZACIÓN

El capítulo 4 de la norma ISO 9001, relativo al contexto de la organización, constituye uno de los pilares fundamentales sobre los que se articula el sistema de gestión de la calidad. En la revisión prevista para 2026, este apartado no introduce nuevos requisitos formales, pero sí refuerza de manera significativa su alcance, profundidad y carácter dinámico, y lo consolida como un elemento estratégico del sistema.

En conjunto, los cambios introducidos en el capítulo 4 refuerzan el papel del contexto de la organización como elemento integrador del sistema de gestión, ya que actúa como nexo entre la estrategia, la gestión del riesgo, la planificación y la mejora continua.

La norma ISO 9001:2026 consolida así un enfoque en el que el SGC deja de ser un sistema aislado y pasa a configurarse como una herramienta de gestión alineada con la realidad y la evolución del entorno organizativo, lo que incrementa su capacidad para generar valor y sostener el desempeño a largo plazo.

4.1. Comprensión de la organización y de su contexto

Referencia en la norma ISO 9001:2015: apartado 4.1
Referencia en la norma ISO/DIS 9001:2026: apartado 4.1

1 Identificación del cambio

La futura ISO 9001:2026 mantiene el requisito de comprender el contexto interno y externo de la organización, pero refuerza la necesidad de que dicho análisis esté claramente vinculado con la estrategia, la resiliencia organizativa y la capacidad de adaptación al cambio.

2 Análisis técnico del cambio

En la norma ISO 9001:2015, este requisito se centraba en la identificación de las cuestiones internas y externas que afectan a la capacidad de la organización para lograr los resultados previstos del SGC. En la práctica, este análisis se materializó en muchos casos como un ejercicio inicial, poco revisado a lo largo del tiempo.

La evolución hacia ISO 9001:2026 refuerza la necesidad de que el análisis del contexto sea un proceso vivo, sujeto a seguimiento, revisión y actualización periódica. La norma enfatiza que las cuestiones internas y externas deben evaluarse en función de su impacto real sobre los siguientes aspectos:

- La dirección estratégica de la organización.
- El desempeño de los procesos.
- La capacidad para cumplir los requisitos aplicables y las expectativas relevantes.

Se incrementa así la exigencia de evidencia objetiva que demuestre que el contexto no es únicamente una declaración formal, sino una entrada efectiva para la planificación del sistema, la gestión del riesgo y la toma de decisiones.

Se espera que la organización demuestre una comprensión dinámica del entorno, incorporando aspectos como los cambios tecnológicos, los riesgos digitales, sociales y de mercado, el cambio climático, y la sostenibilidad.

3 Implicaciones para la organización

Las organizaciones deberán revisar sus análisis de contexto para asegurar que no se limitan a un ejercicio documental. Será necesario evidenciar cómo el contexto influye en la planificación, la gestión de riesgos y la toma de decisiones estratégicas.

4 Enfoque de auditoría y certificación

En auditoría se valorará la coherencia entre el análisis del contexto, la estrategia organizativa y los objetivos del sistema de gestión. Un análisis genérico o no actualizado puede considerarse una debilidad.

4.2. Comprensión de las necesidades y expectativas de las partes interesadas

Referencia en la norma ISO 9001:2015: apartado 4.2
Referencia en la norma ISO/DIS 9001:2026: apartado 4.2

1 Identificación del cambio

La norma ISO 9001:2026 refuerza la identificación, el seguimiento y la revisión de las partes interesadas pertinentes, y pone mayor énfasis en su impacto real sobre la capacidad de la organización para cumplir requisitos y generar valor.

2 Análisis técnico del cambio

La identificación de las partes interesadas relevantes y de sus requisitos asociados ya era un elemento clave en la edición de 2015. No obstante, la revisión de 2026 introduce un énfasis más marcado en el carácter cambiante de dichas necesidades y expectativas.

La norma orienta a las organizaciones a establecer mecanismos que permitan:

- Identificar variaciones significativas en las expectativas de las partes interesadas.
- Analizar el impacto de dichos cambios sobre el SGC.
- Incorporar estas variaciones en la planificación, el control operacional y la mejora.

Este enfoque desplaza el requisito desde una identificación estática hacia un seguimiento sistemático, alineado con el contexto externo, los cambios regulatorios, tecnológicos y sociales, y la evolución del mercado o del entorno educativo o industrial.

Aunque el requisito ya existía en 2015, la nueva versión clarifica que no todas las partes interesadas tienen el mismo peso. La organización debe demostrar criterio para priorizar aquellas que influyen directamente en la conformidad de los productos y servicios, y en la sostenibilidad del sistema.

3 Implicaciones para la organización

Será necesario revisar los listados de partes interesadas y justificar su relevancia. También se espera una mayor integración de estas necesidades en la planificación del sistema y en la gestión de riesgos.

4 Enfoque de auditoría y certificación

El auditor verificará que las partes interesadas identificadas están alineadas con el contexto, los riesgos y los procesos clave, y que su seguimiento no es meramente formal.

4.3. Determinación del alcance del sistema de gestión de la calidad

Referencia en la norma ISO 9001:2015: apartado 4.3
Referencia en la norma ISO/DIS 9001:2026: apartado 4.3

1 Identificación del cambio

No se introducen cambios en el requisito relativo al alcance, pero se refuerza la coherencia entre el alcance definido, el contexto de la organización y las partes interesadas.

2 Análisis técnico del cambio

El requisito relativo al alcance del SGC mantiene su estructura, pero en la norma ISO 9001:2026 se refuerza la coherencia entre el alcance definido y los elementos analizados en los apartados 4.1 y 4.2.

Se espera que el alcance:

- Refleje de forma consistente las cuestiones internas y externas relevantes.
- Considere de manera explícita las necesidades y expectativas aplicables de las partes interesadas.
- Justifique adecuadamente cualquier exclusión de requisitos, en caso de que sea aplicable.

El alcance deja de concebirse como un mero enunciado descriptivo y pasa a ser un elemento de delimitación estratégica, que condiciona la planificación, la evaluación de riesgos y la definición de procesos del sistema.

3 Implicaciones para la organización

Las organizaciones deberán revisar su alcance para asegurar que refleja de forma realista sus actividades, productos y servicios, y evitar alcances excesivamente genéricos o restrictivos.

4 Enfoque de auditoría y certificación

Se evaluará la coherencia entre el alcance, los procesos reales y las actividades auditadas. Un alcance mal definido puede generar no conformidades.

4.4. Sistema de gestión de la calidad y sus procesos

Referencia en la norma ISO 9001:2015: apartado 4.4
Referencia en la norma ISO/DIS 9001:2026: apartado 4.4

1 Identificación del cambio

- La norma ISO 9001:2026 mantiene el enfoque a procesos, pero refuerza la necesidad de demostrar la eficacia del sistema y la interacción real entre procesos.

2 Análisis técnico del cambio

En relación con el establecimiento, la implementación y la mejora del SGC, la revisión de 2026 refuerza la necesidad de una alineación explícita entre el contexto y los procesos del sistema.

La norma pone mayor énfasis en que los procesos:

- Sean definidos considerando los riesgos y oportunidades derivados del contexto.
- Estén orientados al logro de resultados y no únicamente al cumplimiento formal.
- Sean revisados cuando se produzcan cambios significativos en el contexto organizacional.

Este enfoque consolida la transición hacia un sistema de gestión basado en procesos adaptativos, capaces de responder de forma estructurada a cambios internos y externos.

Se observa un mayor énfasis en la medición del desempeño de los procesos y en la gestión de cambios, con el fin de asegurar que las modificaciones en los procesos no comprometan los resultados previstos.

3 Implicaciones para la organización

Será necesario fortalecer los indicadores de proceso, la gestión de las interacciones y la evidencia de mejora continua del sistema.

4 Enfoque de auditoría y certificación

El auditor buscará evidencias de gestión real por procesos, más allá de mapas o diagramas formales, y evaluará resultados y eficacia.

CAPÍTULO 5. LIDERAZGO

El capítulo 5 de la norma ISO 9001, relativo al liderazgo, refuerza el papel de la alta dirección como elemento clave en la eficacia del sistema de gestión de la calidad (SGC). En la revisión prevista para 2026, este apartado mantiene su estructura básica, pero introduce un mayor nivel de exigencia en términos de implicación, coherencia y evidencia del liderazgo, lo que consolida la responsabilidad indelegable de la alta dirección sobre el desempeño del sistema.

En la norma ISO 9001:2015, el liderazgo se establecía como un requisito explícito, eliminando la figura del «representante de la dirección» y atribuyendo a la alta dirección la responsabilidad directa del SGC. No obstante, en la práctica, este requisito se interpretó en numerosos casos de manera formalista.

La revisión prevista para 2026 refuerza el concepto de liderazgo activo y demostrable, e incrementa la expectativa de que la alta dirección:

- Integre el SGC en la dirección estratégica y en los procesos de negocio.
- Participe de forma efectiva en la planificación, el seguimiento y la evaluación del desempeño.
- Asegure la coherencia entre los objetivos de la calidad y los objetivos estratégicos de la organización.

Se pone mayor énfasis en la evidencia objetiva del compromiso, no limitada a declaraciones de intención, sino observable a través de decisiones, asignación de recursos, seguimiento de indicadores y participación en revisiones del sistema.

En conjunto, la evolución del capítulo 5 consolida un enfoque en el que el liderazgo se entiende como un factor crítico de éxito del sistema de gestión, directamente relacionado con el desempeño, la cultura organizativa y la mejora continua.

La norma ISO 9001:2026 refuerza la idea de que un SGC eficaz no puede sostenerse únicamente sobre procedimientos y controles, sino que requiere un liderazgo visible, coherente y comprometido, capaz de integrar la calidad en la estrategia y en la gestión diaria de la organización.

Este enfoque contribuye a la madurez del sistema, reduciendo la brecha entre el cumplimiento normativo y la creación de valor real para la organización y sus partes interesadas.

5.1. Liderazgo y compromiso

Referencia en la norma ISO 9001:2015: apartado 5.1
Referencia en la norma ISO/DIS 9001:2026: apartado 5.1

1 Identificación del cambio

La futura ISO 9001:2026 refuerza el papel activo de la alta dirección, acentuando su responsabilidad directa en la eficacia del sistema de gestión y en la integración del mismo en la estrategia del negocio.

2 Análisis técnico del cambio

Aunque la distribución de responsabilidades ya estaba contemplada en la edición de 2015, ISO 9001:2026 refuerza la necesidad de que las responsabilidades y autoridades relacionadas con el SGC estén claramente definidas, comunicadas y comprendidas en todos los niveles de la organización.

Se espera que la alta dirección asegure que:

- Las responsabilidades del SGC estén alineadas con la estructura organizativa real.
- Las autoridades asignadas permitan una toma de decisiones efectiva.
- Se evite la fragmentación del sistema o su desconexión de las operaciones reales.
- Se promueva una cultura de calidad y un comportamiento ético.

Este enfoque reduce la dependencia de roles formales aislados y promueve una responsabilidad distribuida, pero coordinada, sobre la calidad.

3 Implicaciones para la organización

Las organizaciones deberán reforzar el papel visible de la alta dirección en el sistema de gestión, demostrando su participación en decisiones clave, en el seguimiento de objetivos y en las revisiones del desempeño.

4 Enfoque de auditoría y certificación

El auditor evaluará evidencias objetivas del liderazgo, como la participación en revisiones por la dirección, la toma de decisiones basada en datos y la coherencia entre discurso y práctica.

5.1.2. Enfoque al cliente

Referencia en la norma ISO 9001:2015: apartado 5.1.2
Referencia en la norma ISO/DIS 9001:2026: apartado 5.1.2

1 Identificación del cambio

La norma ISO 9001:2026 refuerza el enfoque al cliente e incorpora una visión más proactiva sobre la satisfacción, la gestión de expectativas y la anticipación de riesgos que puedan afectar a la experiencia del cliente.

2 Análisis técnico del cambio

El requisito evoluciona desde un enfoque reactivo hacia otro preventivo, en el que la organización debe demostrar que comprende no solo los requisitos actuales del cliente, sino también aquellos que pueden surgir a partir de cambios en el mercado o en el contexto.

3 Implicaciones para la organización

Será necesario fortalecer los mecanismos de escucha del cliente y su integración en la planificación estratégica y operativa.

4 Enfoque de auditoría y certificación

Se valorará la coherencia entre la información obtenida de los clientes, las acciones emprendidas y los resultados obtenidos en términos de satisfacción y fidelización.

5.2. Política de la calidad

Referencia en la norma ISO 9001:2015: apartado 5.2
Referencia en la norma ISO/DIS 9001:2026: apartado 5.2

1 Identificación del cambio

No se introducen cambios en el requisito de política de la calidad, pero se refuerza su alineación con la estrategia, el contexto y los objetivos a largo plazo de la organización.

2 Análisis técnico del cambio

La política de la calidad mantiene su carácter obligatorio, pero en la revisión de 2026 se refuerza su función como herramienta de dirección, más que como un documento declarativo.

La norma enfatiza que la política de la calidad debe:

- Estar alineada con el contexto de la organización y su dirección estratégica, así como con su cultura de calidad y sus expectativas de comportamiento ético.
- Proporcionar un marco claro para el establecimiento de los objetivos de la calidad.
- Ser comunicada, entendida y aplicada de forma efectiva dentro de la organización.

Se incrementa la expectativa de que la política sea relevante, actualizada y utilizada activamente como referencia en la toma de decisiones, con el fin de evitar políticas genéricas o desconectadas de la realidad operativa.

La política de la calidad deja de entenderse como un documento estático para convertirse en un marco de referencia vivo, que debe reflejar los compromisos reales de la organización y servir de guía para la toma de decisiones.

3 Implicaciones para la organización

Las organizaciones deberán revisar su política de la calidad para asegurar que sigue siendo pertinente y coherente con su contexto actual.

La norma no incluye nuevos compromisos, aunque esta podría alinearse con otras políticas de la organización o con compromisos como los relativos al comportamiento ético.

4 Enfoque de auditoría y certificación

El auditor verificará que la política es conocida, aplicada y utilizada como referencia real en la gestión del sistema.

5.3. Roles, responsabilidades y autoridades

Referencia en la norma ISO 9001:2015: apartado 5.3
Referencia en la norma ISO/DIS 9001:2026: apartado 5.3

1 Identificación del cambio

La norma ISO 9001:2026 mantiene el requisito de asignación de roles, pero enfatiza la claridad y coherencia de las responsabilidades en entornos organizativos cada vez más cambiantes.

2 Análisis técnico del cambio

El apartado 5.3 refuerza la necesidad de asegurar que los roles vinculados al SGC estén claramente definidos y operativos. En ISO 9001:2026 se pone especial atención en que esta definición:

- Considere los riesgos asociados a una asignación inadecuada de responsabilidades.
- Tenga en cuenta la competencia y la capacidad de las personas asignadas.
- Facilite la comunicación eficaz y la rendición de cuentas.

La norma refuerza así la necesidad de una estructura organizativa funcional, en la que el liderazgo no se limite a la alta dirección, sino que se despliegue de forma coherente a través de los distintos niveles jerárquicos.

Se espera que las responsabilidades no solo estén definidas, sino que sean entendidas y asumidas, especialmente en relación con la gestión de cambios y la mejora del sistema.

3 Implicaciones para la organización

Será necesario revisar organigramas, descripciones de puestos y mecanismos de comunicación interna para asegurar la claridad de roles.

4 Enfoque de auditoría y certificación

El auditor evaluará la coherencia entre los roles definidos, las responsabilidades asumidas y las evidencias de actuación.

CAPÍTULO 6. PLANIFICACIÓN

El capítulo 6 de la norma ISO 9001, relativo a la planificación del sistema de gestión de la calidad (SGC), constituye el elemento de conexión entre el análisis del contexto (capítulo 4), el liderazgo (capítulo 5) y la ejecución operativa del sistema. En la revisión prevista para 2026, este capítulo mantiene su estructura y requisitos fundamentales, pero refuerza de forma significativa la coherencia, la integración y la orientación estratégica de la planificación.

En conjunto, la evolución del capítulo 6 consolida la planificación como un proceso estructurado, integrado y orientado al desempeño, estrechamente vinculado al contexto, al liderazgo y a la mejora continua.

La norma ISO 9001:2026 refuerza la idea de que la planificación del SGC no debe entenderse como una actividad puntual o documental, sino como un proceso continuo de anticipación, toma de decisiones y alineación estratégica que permite a la organización adaptarse a los cambios y sostener su capacidad para proporcionar productos y servicios conformes.

Este enfoque incrementa la madurez del sistema de gestión de la calidad y contribuye a su integración efectiva en la gestión global de la organización.

La planificación de ISO 9001:2026 enfatiza la gestión estructurada de los cambios, con el fin de asegurar que las modificaciones en procesos, tecnologías o requisitos se evalúen previamente en términos de riesgos, recursos y resultados esperados.

6.1. Acciones para abordar riesgos y oportunidades

Referencia en la norma ISO 9001:2015: apartado 6.1
Referencia en la norma ISO/DIS 9001:2026: apartado 6.1

1 Identificación del cambio

Aunque no se introducen cambios estructurales de fondo, la norma ISO 9001:2026 refuerza el pensamiento basado en riesgos, al integrarlo de forma más explícita en la planificación estratégica y operativa del sistema de gestión de la calidad, y otorga más peso a las oportunidades, para las que crea un subapartado específico.

En esta revisión, los requisitos se desdoblan: el apartado 6.1.2 pasa a referirse a las acciones para abordar los riesgos y el 6.1.3, a las acciones para abordar las oportunidades. Aunque el contenido general mantiene la lógica ya presente en 2015, esta reorganización parece evidenciar una voluntad de la norma de dar mayor visibilidad a las oportunidades.

2 Análisis técnico del cambio

El requisito 6.1, introducido en la norma ISO 9001:2015 como eje del enfoque basado en riesgos, es uno de los apartados que adquiere mayor relevancia en la revisión prevista para 2026. La norma consolida la expectativa de que la identificación y el tratamiento de riesgos y oportunidades deriven directamente del contexto de la organización y de las necesidades de las partes interesadas, con el fin de evitar enfoques genéricos o desconectados de la realidad operativa.

La norma ISO 9001:2026 refuerza que la planificación de acciones debe:

- Considerar los riesgos y oportunidades que puedan afectar al logro de los resultados previstos del SGC.
- Integrarse en los procesos del sistema y no gestionarse como una actividad independiente.
- Ser proporcional a la naturaleza, complejidad y riesgos de la organización.

Se reduce así la aceptación de matrices de riesgos meramente formales y se incrementa la exigencia de evidencias de implementación y seguimiento efectivo de las acciones planificadas.

La revisión prevista para 2026 pone mayor énfasis en la evaluación de la eficacia de las acciones adoptadas para abordar riesgos y oportunidades. No basta con definir e implementar acciones; la organización debe demostrar que dichas acciones contribuyen efectivamente a:

- Reducir o controlar los riesgos significativos.
- Potenciar las oportunidades relevantes.
- Mejorar el desempeño del SGC.

Este enfoque refuerza la conexión entre planificación, indicadores de desempeño y mejora continua, y alinea el requisito con una gestión basada en resultados.

En la versión de 2015, el enfoque basado en riesgos se introdujo como un concepto clave, en sustitución del enfoque tradicional de acción preventiva. La versión prevista para 2026 mantiene este enfoque, pero aclara que los riesgos y oportunidades deben abordarse de forma sistemática, coherente con el contexto y revisable en función de los cambios internos y externos.

3 Implicaciones para la organización

Las organizaciones deberán revisar sus metodologías de identificación y evaluación de riesgos y oportunidades para asegurar su alineación con la estrategia, los procesos y los objetivos de la calidad.

4 Enfoque de auditoría y certificación

En auditoría se evaluará la trazabilidad entre contexto, riesgos, oportunidades, acciones planificadas y resultados obtenidos, y se evitarán enfoques meramente teóricos.

6.2. Objetivos de la calidad y planificación para lograrlos

Referencia en la norma ISO 9001:2015: apartado 6.2
Referencia en la norma ISO/DIS 9001:2026: apartado 6.2

1 Identificación del cambio

Aunque no se introducen cambios estructurales, la norma ISO 9001:2026 refuerza la necesidad de que los objetivos de la calidad estén claramente vinculados con la dirección estratégica y con el contexto de la organización.

2 Análisis técnico del cambio

Los objetivos de la calidad mantienen su carácter obligatorio, pero ISO 9001:2026 refuerza su alineación con la dirección estratégica y con los riesgos y oportunidades identificados.

La norma enfatiza que los objetivos deben:

- Ser coherentes con la política de la calidad.
- Ser medibles y orientados a resultados.
- Considerar los requisitos aplicables y las expectativas relevantes de las partes interesadas.

Asimismo, se refuerza la necesidad de planificar de forma estructurada las acciones necesarias para alcanzar los objetivos, incluidos responsables, recursos, plazos y métodos de seguimiento.

Se espera que los objetivos de la calidad dejen de formularse como metas genéricas y se conviertan en herramientas reales de gestión, integradas en la planificación operativa y estratégica de la organización.

Aunque los requisitos básicos se mantienen, la nueva versión enfatiza que los objetivos no deben ser genéricos ni aislados, sino coherentes con los riesgos identificados y medidos mediante indicadores pertinentes.

3 Implicaciones para la organización

Será necesario revisar los objetivos de la calidad para asegurar que son medibles, pertinentes y que contribuyen de forma real a la mejora del desempeño.

4 Enfoque de auditoría y certificación

El auditor valorará la coherencia entre objetivos, planes de acción, indicadores y resultados alcanzados.

6.3. Planificación de los cambios

Referencia en la norma ISO 9001:2015: apartado 6.3
Referencia en la norma ISO/DIS 9001:2026: apartado 6.3

1 Identificación del cambio

La futura ISO 9001:2026 da mayor relevancia a la planificación de los cambios, especialmente en contextos de transformación organizativa y digital, e incorpora requisitos como la supervisión y la evaluación de la efectividad del cambio, su comunicación y la revisión de sus resultados.

2 Análisis técnico del cambio

El apartado 6.3, relativo a la planificación de los cambios, adquiere un mayor protagonismo en la revisión prevista para 2026. Aunque este requisito ya estaba presente en la edición de 2015, su aplicación fue, en muchos casos, limitada o implícita.

La norma ISO 9001:2026 refuerza la necesidad de que la organización planifique los cambios de manera sistemática, considerando:

- El propósito del cambio y sus posibles consecuencias.
- La integridad del SGC durante y después del cambio.
- La disponibilidad de recursos y de información.
- La asignación o reasignación de responsabilidades y autoridades.
- La supervisión y evaluación de la efectividad de los cambios.
- La comunicación de los cambios.
- La forma en que se revisan los resultados.

Este enfoque responde a la necesidad de gestionar de forma controlada cambios derivados de factores como la digitalización, la innovación tecnológica, las modificaciones organizativas o los cambios en el entorno normativo y de mercado.

El requisito, ya presente en 2015, se refuerza al poner énfasis en la evaluación de impactos, la disponibilidad de recursos y la asignación clara de responsabilidades antes de implementar cambios en el sistema de gestión.

3 Implicaciones para la organización

Las organizaciones deberán formalizar mejor la gestión del cambio, y asegurar que los cambios se planifican, comunican y controlan adecuadamente.

4 Enfoque de auditoría y certificación

Se revisará cómo se gestionan los cambios significativos y si se han considerado sus efectos sobre la eficacia del sistema de gestión.

CAPÍTULO 7. APOYO

El capítulo 7 de la norma ISO 9001 establece los requisitos relativos a los recursos y elementos de apoyo necesarios para la implantación, mantenimiento y mejora del sistema de gestión de la calidad (SGC). En la revisión prevista para 2026, este capítulo mantiene su estructura general, pero refuerza el enfoque hacia la adecuación, disponibilidad y eficacia de los recursos, con especial atención al entorno digital, la gestión del conocimiento y la competencia del personal.

En conjunto, la evolución del capítulo 7 refuerza el papel del apoyo como habilitador del desempeño y de la mejora continua del sistema de gestión de la calidad. La norma ISO 9001:2026 consolida un enfoque en el que los recursos, las personas, el conocimiento y la información documentada se gestionan de forma integrada, alineada con el contexto y la estrategia de la organización.

Este enfoque contribuye a la madurez del SGC, facilitando su adaptación a entornos complejos, digitalizados y en constante cambio.

La gestión del conocimiento y la digitalización adquieren un papel relevante, ya que garantizan la disponibilidad y fiabilidad de la información necesaria para la operación eficaz y la mejora continua de los procesos.

7.1. Recursos

Referencia en la norma ISO 9001:2015: apartado 7.1
Referencia en la norma ISO/DIS 9001:2026: apartado 7.1

1 Identificación del cambio

Aunque no se introducen cambios, la futura ISO 9001:2026 mantiene los requisitos relativos a la provisión de recursos, pero refuerza la necesidad de asegurar su adecuación continua en entornos cambiantes, incluyendo los recursos digitales y tecnológicos.

2 Análisis técnico del cambio

La norma ISO 9001:2026 consolida el principio de que la organización debe determinar y proporcionar los recursos necesarios no solo para la conformidad del producto y del servicio, sino también para el logro sostenido de los resultados del SGC. Se refuerza la necesidad de una planificación de recursos coherente con el contexto, los riesgos y oportunidades identificados y los objetivos de la calidad. La versión prevista para 2026 enfatiza que la determinación de recursos no debe ser un ejercicio puntual, sino un proceso dinámico alineado con los cambios del contexto, los riesgos identificados y la estrategia de la organización.

3 Implicaciones para la organización

Las organizaciones deberán revisar periódicamente la adecuación de sus recursos, considerando tanto las capacidades internas como las dependencias de proveedores externos.

4 Enfoque de auditoría y certificación

El auditor evaluará si los recursos definidos son coherentes con los procesos, los riesgos y los objetivos establecidos.

7.1.2. Personas

Referencia en la norma ISO 9001:2015: apartado 7.1.2
Referencia en la norma ISO/DIS 9001:2026: apartado 7.1.2

1 Identificación del cambio

La revisión de la norma ISO 9001 prevista para 2026, aunque no introduce cambios, refuerza el requisito relativo a las personas, y pone mayor énfasis en la disponibilidad, adecuación y gestión efectiva de los recursos humanos necesarios para la operación y el mantenimiento del sistema de gestión de la calidad. Este refuerzo responde a entornos organizativos caracterizados por cambios constantes, rotación de personal, especialización técnica creciente y dependencia del conocimiento.

2 Análisis técnico del cambio

El apartado 7.1.2. de la norma ISO 9001:2015 establecía la obligación de determinar y proporcionar las personas necesarias para la implementación eficaz del SGC y para la operación y el control de los procesos. No obstante, en muchos casos este requisito fue interpretado de forma limitada, centrado únicamente en la asignación nominal de personal, sin un análisis suficiente de la capacidad real de los recursos humanos para sostener el desempeño del sistema.

En la revisión de ISO 9001:2026, este requisito se ve reforzado mediante un enfoque más explícito hacia la gestión integral de las personas, considerando no solo su presencia, sino también su disponibilidad efectiva, su carga de trabajo y su continuidad en el tiempo. La norma enfatiza que la organización debe asegurar que las personas asignadas a los procesos:

- Sean suficientes en número para garantizar la operación eficaz.
- Estén disponibles cuando se requieren.
- Puedan mantener el desempeño previsto de los procesos.

Este enfoque introduce una mayor conexión entre la planificación de recursos humanos, la gestión de riesgos y la estabilidad del sistema de gestión.

3 Implicaciones para la organización

Como consecuencia de este refuerzo, las organizaciones deberán adoptar un enfoque más estructurado para la planificación y gestión de los recursos humanos, considerando aspectos como:

- La identificación de puestos y funciones críticas para el SGC.
- La evaluación de riesgos asociados a la falta de personal o a la rotación.
- La planificación de sustituciones, relevos y continuidad operativa.
- La alineación de la disponibilidad de personas con los objetivos del sistema.

El requisito deja de centrarse únicamente en la asignación de personas y pasa a integrarse en una gestión preventiva de los recursos humanos, orientada a sostener la eficacia del SGC.

4 Enfoque de auditoría y certificación

Desde la perspectiva de auditoría y certificación, se reforzará la revisión de cómo la organización determina y asegura la disponibilidad de las personas necesarias. Los auditores evaluarán si:

- Se han identificado adecuadamente las necesidades de personal por proceso.
- Existen evidencias de planificación frente a ausencias, rotación o cambios organizativos.
- La falta de personas ha generado impactos en el desempeño o en la conformidad.

La ausencia de evidencias que demuestren una gestión adecuada de las personas, especialmente en procesos críticos, podrá dar lugar a no conformidades, particularmente cuando se evidencie un impacto directo en la eficacia del sistema de gestión de la calidad.

7.1.3. Infraestructura

Referencia en la norma ISO 9001:2015: apartado 7.1.3
Referencia en la norma ISO/DIS 9001:2026: apartado 7.1.3

1 Identificación del cambio

La revisión de la norma ISO 9001 prevista para 2026 no introduce cambios en este punto, pero refuerza el requisito relativo a la infraestructura, y amplía su alcance e interpretación para incorporar de forma más explícita las infraestructuras digitales y tecnológicas que soportan los procesos del sistema de gestión de la calidad. Este refuerzo responde a la creciente dependencia de las organizaciones de sistemas informáticos, plataformas digitales, software de gestión y entornos conectados.

2 Análisis técnico del cambio

En ISO 9001:2015, el apartado 7.1.3. establecía la obligación de determinar, proporcionar y mantener la infraestructura necesaria para la operación de los procesos y para lograr la conformidad de los productos y servicios. Tradicionalmente, este requisito se interpretó principalmente en términos de instalaciones físicas, equipos y medios materiales, y prestó menor atención a los elementos tecnológicos y digitales.

La revisión de la norma ISO 9001:2026 amplía este enfoque y refuerza la necesidad de considerar la infraestructura de manera integral, al incluir de forma más explícita:

- Edificios, espacios de trabajo e instalaciones.
- Equipos, maquinaria y herramientas.
- Infraestructura tecnológica y digital (hardware, software, redes, sistemas de información).
- Servicios de soporte asociados a la infraestructura.

La norma enfatiza que la infraestructura debe ser adecuada, mantenida y capaz de sostener el desempeño previsto de los procesos, considerando los riesgos asociados a fallos, obsolescencia, ciberseguridad o indisponibilidad de los sistemas críticos.

3 Implicaciones para la organización

Como consecuencia de este refuerzo, las organizaciones deberán adoptar un enfoque más estructurado para la gestión y planificación de la infraestructura, y asegurar que:

- La infraestructura es coherente con el contexto y los procesos del SGC.
- Se identifican infraestructuras críticas cuyo fallo pueda afectar a la conformidad o al desempeño.
- Se planifican actividades de mantenimiento, actualización o sustitución.
- Se evalúan los riesgos asociados a la dependencia tecnológica y digital.

El requisito deja de centrarse únicamente en la existencia de medios físicos y pasa a integrarse en una gestión preventiva de la infraestructura, alineada con el enfoque basado en riesgos y con la continuidad operativa del sistema.

4 Enfoque de auditoría y certificación

Desde la perspectiva de auditoría y certificación, se reforzará la evaluación de cómo la organización determina, mantiene y controla su infraestructura, especialmente aquella que es crítica para el SGC. Los auditores verificarán si:

- La infraestructura necesaria está claramente identificada por proceso.
- Existen planes de mantenimiento y control adecuados.
- Se han considerado los riesgos asociados a fallos de infraestructura, incluidos los sistemas digitales.
- La infraestructura disponible es suficiente para garantizar el desempeño previsto.

La falta de control, mantenimiento o planificación de infraestructuras críticas, especialmente cuando se evidencie un impacto en la operación o en la conformidad del producto o servicio, podrá dar lugar a no conformidades.

7.1.4. Ambiente para la operación de los procesos

Referencia en la norma ISO 9001:2015: apartado 7.1.4
Referencia en la norma ISO/DIS 9001:2026: apartado 7.1.4

1 Identificación del cambio

La revisión de la norma ISO 9001 prevista para 2026 no introduce cambios en este punto, aunque se puede considerar que refuerza el requisito relativo al ambiente para la operación de los procesos, ampliando su interpretación para incorporar de forma más explícita los factores humanos, sociales y psicológicos, además de los aspectos físicos tradicionalmente considerados. Este refuerzo responde a la creciente conciencia del impacto del entorno de trabajo sobre el desempeño de los procesos y la conformidad de los productos y servicio. Además, introduce el matiz de que estos factores dependen también de la cultura de calidad de la organización, incluido el comportamiento ético.

2 Análisis técnico del cambio

En ISO 9001:2015, el apartado 7.1.4 establecía la necesidad de determinar, proporcionar y mantener el ambiente necesario para la operación de los procesos y para lograr la conformidad de los productos y servicios. En la práctica, este requisito fue aplicado principalmente desde una perspectiva física o ambiental, centrada en condiciones como la temperatura, la iluminación, la limpieza o la ergonomía básica.

La revisión de la norma ISO 9001:2026 amplía este enfoque y promueve una visión más integral del ambiente de trabajo, que considere de forma sistemática:

- Condiciones físicas (instalaciones, ruido, iluminación, ergonomía, seguridad).
- Factores sociales (relaciones laborales, comunicación, clima organizativo).
- Factores psicológicos (carga de trabajo, estrés, fatiga, motivación).

La norma enfatiza que estos factores pueden influir de manera directa en el desempeño de los procesos, en la aparición de errores y en la calidad del producto o servicio, especialmente en actividades con alta intervención humana.

3 Implicaciones para la organización

Como consecuencia de este refuerzo, las organizaciones deberán adoptar un enfoque más estructurado para la gestión del ambiente de trabajo, y asegurar que:

- Se identifican los factores ambientales relevantes para cada proceso.
- Se evalúa su impacto potencial sobre el desempeño y la conformidad.
- Se adoptan medidas proporcionales para controlar o mejorar dichos factores.

Este requisito se integra así en una gestión preventiva del entorno de trabajo, alineada con el enfoque basado en riesgos y con la mejora del desempeño operativo.

4 Enfoque de auditoría y certificación

Desde la perspectiva de auditoría y certificación, se reforzará la evaluación de cómo la organización determina y controla el ambiente necesario para la operación de los procesos. Los auditores verificarán si:

- El ambiente de trabajo ha sido definido en relación con los procesos críticos.
- Se han considerado factores más allá de los estrictamente físicos.
- Existen evidencias de seguimiento y control del ambiente cuando resulta relevante.

(continuación...)

- Se han gestionado adecuadamente situaciones que puedan afectar al desempeño humano.

La ausencia de control del ambiente de trabajo, especialmente cuando se evidencie una relación con errores, no conformidades o problemas de desempeño, podrá dar lugar a no conformidades.

7.1.5. Recursos de seguimiento y medición

Referencia en la norma ISO 9001:2015: apartado 7.1.5
Referencia en la norma ISO/DIS 9001:2026: apartado 7.1.5

1 Identificación del cambio

La revisión de la norma ISO 9001 prevista para 2026, no incluye cambios en este punto; se mantiene el requisito relativo a los recursos de seguimiento y medición, aunque se pone mayor énfasis en la fiabilidad de los datos utilizados para la toma de decisiones y en la integración de herramientas digitales y sistemas automatizados de medición. Este refuerzo responde a la creciente dependencia de las organizaciones de los datos para evaluar el desempeño y asegurar la conformidad de los productos y servicios.

2 Análisis técnico del cambio

En ISO 9001:2015, el apartado 7.1.5 establecía la obligación de determinar y proporcionar los recursos necesarios para asegurar resultados válidos y fiables en el seguimiento y medición, incluida la calibración o verificación de los equipos cuando fuese aplicable. No obstante, este requisito fue interpretado en muchos casos de forma restringida, centrado exclusivamente en equipos físicos de medición, como instrumentos de control dimensional o dispositivos de ensayo.

La revisión de ISO 9001:2026 amplía este enfoque, incorporando de manera más explícita los sistemas de medición basados en software, aplicaciones digitales y herramientas de análisis de datos. La norma enfatiza que la organización debe asegurar que los recursos de seguimiento y medición:

- Sean adecuados para el propósito previsto.
- Proporcionen resultados válidos y fiables.
- Se mantengan y controlen para preservar su integridad.

Asimismo, se refuerza la necesidad de considerar los riesgos asociados a mediciones incorrectas, especialmente cuando los resultados influyen directamente en la liberación de productos, la evaluación del desempeño o la toma de decisiones estratégicas.

3 Implicaciones para la organización

Como consecuencia de este refuerzo, las organizaciones deberán adoptar un enfoque más estructurado para la gestión de los recursos de seguimiento y medición, asegurando que:

- Se identifican todos los recursos de medición relevantes, incluidos los digitales.
- Se definen criterios para su control, verificación o validación, cuando sea aplicable.
- Se evalúan los riesgos asociados a errores de medición o a fallos de los sistemas.
- Se garantiza la competencia del personal que utiliza dichos recursos.

Este requisito se integra así en una gestión basada en la confianza en los datos, alineada con la evaluación del desempeño y la mejora continua del SGC.

4 Enfoque de auditoría y certificación

Desde la perspectiva de auditoría y certificación, se reforzará la evaluación de cómo la organización determina, controla y mantiene los recursos de seguimiento y medición. Los auditores verificarán si:

- Los recursos utilizados son adecuados para los procesos y objetivos definidos.
- Existen evidencias de calibración, verificación o validación cuando sea necesario.
- Se han considerado los riesgos asociados a mediciones no fiables.
- Los datos generados se utilizan de forma coherente en la evaluación del desempeño.

La falta de control sobre los recursos de seguimiento y medición, especialmente cuando se identifique un impacto directo en la conformidad del producto o servicio o en la toma de decisiones, podrá dar lugar a no conformidades.

7.1.6. Conocimientos de la organización

Referencia en la norma ISO 9001:2015: apartado 7.1.6
Referencia en la norma ISO/DIS 9001:2026: apartado 7.1.6

1 Identificación del cambio

La norma ISO 9001:2026 no introduce cambios en este requisito, aunque se puede entender que refuerza la gestión del conocimiento organizativo, al poner énfasis en su protección, actualización y disponibilidad.

2 Análisis técnico del cambio

El conocimiento organizacional adquiere una relevancia reforzada en la revisión prevista para 2026. La norma pone mayor énfasis en la identificación, preservación, actualización y transferencia del conocimiento crítico, especialmente en organizaciones afectadas por cambios tecnológicos, digitalización o alta rotación de personal.

Este requisito se consolida como un elemento clave para garantizar la continuidad del desempeño y la eficacia del SGC.

El requisito evoluciona hacia una visión más estratégica del conocimiento, que incluye el impacto de la digitalización, la rotación de personal y la dependencia de conocimientos críticos.

3 Implicaciones para la organización

Será necesario identificar conocimientos clave, establecer mecanismos para su conservación y facilitar su transferencia dentro de la organización.

4 Enfoque de auditoría y certificación

Se evaluará la identificación de conocimientos críticos y las acciones adoptadas para evitar su pérdida o desactualización.

7.2. Competencia

Referencia en la norma ISO 9001:2015: apartado 7.2
Referencia en la norma ISO/DIS 9001:2026: apartado 7.2

1 Identificación del cambio

La norma ISO 9001:2026 no introduce modificaciones, aunque refuerza el enfoque en la competencia real de las personas, más allá de la formación formal.

2 Análisis técnico del cambio

El apartado relativo a la competencia mantiene su estructura, pero ISO 9001:2026 refuerza la necesidad de que la organización adopte un enfoque proactivo y basado en riesgos para la gestión de competencias.

Se espera que la organización:

- Determine las competencias necesarias en función de los procesos y riesgos asociados.
- Asegure la adquisición o desarrollo de dichas competencias.
- Evalúe la eficacia de las acciones realizadas.

La competencia deja de entenderse como un requisito administrativo y se consolida como un factor crítico para el desempeño del sistema.

Se espera que la organización demuestre la eficacia de las acciones tomadas para adquirir competencias, y no únicamente la existencia de planes de formación.

3 Implicaciones para la organización

Las organizaciones deberán reforzar la evaluación de competencias y la verificación de su impacto en el desempeño.

4 Enfoque de auditoría y certificación

El auditor buscará evidencias de competencia efectiva en la ejecución de los procesos.

7.3. Toma de conciencia

Referencia en la norma ISO 9001:2015: apartado 7.3
Referencia en la norma ISO/DIS 9001:2026: apartado 7.3

1 Identificación del cambio

La norma ISO 9001:2026 introduce el concepto de toma de conciencia de la cultura de calidad de la organización y del comportamiento ético; esto refuerza la importancia de la concienciación del personal.

2 Análisis técnico del cambio

La toma de conciencia se refuerza en ISO 9001:2026 mediante un mayor énfasis en que las personas comprendan no solo los requisitos aplicables, sino también su contribución real al logro de los objetivos del SGC y las consecuencias de las no conformidades o desviaciones.

Este enfoque fortalece la cultura de la calidad y la implicación del personal en todos los niveles de la organización.

Se espera una mayor conexión entre la toma de conciencia, la cultura organizativa y el enfoque a la mejora continua.

3 Implicaciones para la organización

Será necesario revisar los mecanismos de comunicación interna y sensibilización del personal.

4 Enfoque de auditoría y certificación

Se valorará el grado de comprensión del personal sobre su papel en el sistema de gestión.

7.4. Comunicación

Referencia en la norma ISO 9001:2015: apartado 7.4
Referencia en la norma ISO/DIS 9001:2026: apartado 7.4

1 Identificación del cambio

La futura ISO 9001:2026 no introduce cambios en este punto, aunque pone mayor énfasis en la planificación y eficacia de las comunicaciones internas y externas.

2 Análisis técnico del cambio

La revisión prevista para 2026 refuerza el carácter estratégico de la comunicación, tanto interna como externa. La norma enfatiza que la comunicación debe ser planificada, eficaz y adecuada al contexto, considerando qué comunicar, cuándo, cómo y a quién.

Se presta especial atención a la comunicación relacionada con cambios relevantes, resultados del desempeño y requisitos aplicables, lo que contribuye a la coherencia y transparencia del SGC.

El requisito se orienta a asegurar que la comunicación sea oportuna, adecuada al destinatario y alineada con los objetivos del sistema.

3 Implicaciones para la organización

Las organizaciones deberán estructurar mejor sus planes de comunicación relacionados con el sistema de gestión.

4 Enfoque de auditoría y certificación

Se evaluará la coherencia entre lo que se comunica y lo que se aplica en la práctica.

7.5. Información documentada

Referencia en la norma ISO 9001:2015: apartado 7.5
Referencia en la norma ISO/DIS 9001:2026: apartado 7.5

1 Identificación del cambio

La norma ISO 9001:2026 mantiene el enfoque flexible de la información documentada, pero refuerza su control en entornos digitales.

2 Análisis técnico del cambio

La norma ISO 9001:2026 mantiene el enfoque flexible sobre la información documentada introducido en la edición de 2015, evitando prescripciones innecesarias. No obstante, se refuerza la expectativa de que la información documentada sea adecuada, controlada y accesible, especialmente en entornos digitalizados.

La norma pone mayor atención en la protección de la información, su integridad y disponibilidad, considerando los riesgos asociados al uso de sistemas digitales y a la gestión del conocimiento.

Se observa un mayor énfasis en la protección de la información, el control de versiones y la disponibilidad en el momento necesario.

3 Implicaciones para la organización

Será necesario revisar los sistemas de gestión documental, especialmente aquellos basados en plataformas digitales.

4 Enfoque de auditoría y certificación

El auditor verificará la accesibilidad, el control y el uso eficaz de la información documentada.

CAPÍTULO 8. OPERACIÓN

El capítulo 8 de la norma ISO 9001 establece los requisitos relativos a la planificación y al control operacional, y constituye el núcleo operativo del sistema de gestión de la calidad (SGC). En la revisión prevista para 2026, este capítulo mantiene su estructura y enfoque general, pero refuerza de manera significativa la coherencia entre planificación, ejecución y control, así como la integración del enfoque basado en riesgos en la operativa diaria.

En conjunto, la evolución del capítulo 8 consolida la operación como un proceso controlado, coherente y orientado al desempeño, plenamente integrado con la planificación, la gestión del riesgo y la mejora continua.

La norma ISO 9001:2026 refuerza la transición hacia un enfoque operativo basado en la prevención, el control eficaz y la toma de decisiones fundamentadas, lo que incrementa la capacidad del SGC para asegurar resultados consistentes y sostenibles en entornos complejos y cambiantes.

8.1. Planificación y control operacional

Referencia en la norma ISO 9001:2015: apartado 8.1
Referencia en la norma ISO/DIS 9001:2026: apartado 8.1

1 Identificación del cambio

La futura ISO 9001:2026 no introduce nuevos requisitos, solo refuerza la planificación y el control operacional, e integra de forma más explícita la gestión de riesgos, los cambios y la coherencia entre procesos.

2 Análisis técnico del cambio

En la norma ISO 9001:2015, este requisito establecía la necesidad de planificar, implementar y controlar los procesos necesarios para cumplir los requisitos del producto y del servicio. En la revisión prevista para 2026, se refuerza la expectativa de que dicha planificación esté directamente alineada con los riesgos y oportunidades identificados en el capítulo 6.

La norma enfatiza que la organización debe:

- Establecer criterios claros para el control de los procesos.
- Implementar controles proporcionales al nivel de riesgo.
- Mantener la información documentada necesaria para asegurar la confianza en la ejecución de los procesos.

Se incrementa la exigencia de consistencia entre lo planificado y lo ejecutado, y se reduce la tolerancia a desviaciones operativas no justificadas o no controladas.

Mientras que la versión de 2015 exigía planificar y controlar los procesos operativos, la versión prevista para 2026 pone mayor énfasis en la capacidad de anticipar y gestionar desviaciones, especialmente en entornos dinámicos y con cambios frecuentes.

3 Implicaciones para la organización

Las organizaciones deberán reforzar la planificación operativa, y asegurar que los cambios se gestionan de forma controlada y documentada.

4 Enfoque de auditoría y certificación

El auditor evaluará la coherencia entre la planificación, la ejecución y el control de los procesos operativos.

8.2. Requisitos para los productos y servicios

> Referencia en la norma ISO 9001:2015: apartado 8.2
> Referencia en la norma ISO/DIS 9001:2026: apartado 8.2

1 Identificación del cambio

La norma ISO 9001:2026 no introduce modificaciones en este punto; únicamente refuerza algunos conceptos, como la gestión de los requisitos del cliente, y pone énfasis en la claridad, la comunicación y la gestión de cambios.

2 Análisis técnico del cambio

La norma ISO 9001:2026 refuerza el papel de la comunicación con el cliente como elemento clave para asegurar tanto la conformidad del producto o servicio como la satisfacción del cliente. En esta revisión, la norma pone un mayor énfasis en la gestión sistemática de la información obtenida del cliente, y promueve su utilización efectiva como entrada para la mejora del sistema de gestión de la calidad (SGC).

Asimismo, se espera una determinación de requisitos más robusta y estructurada, especialmente en contextos caracterizados por productos o servicios complejos, altamente regulados o sujetos a condiciones técnicas variables.

La norma refuerza la necesidad de realizar una revisión sistemática de los requisitos antes de su aceptación, y pone el foco en la capacidad real de la organización para cumplirlos. En este sentido, se espera que la organización disponga de evidencias claras de que dichas revisiones consideran adecuadamente:

- Cambios en los requisitos.
- Posibles desviaciones.
- Condiciones especiales de ejecución.

Y que garanticen en todo momento la coherencia entre los compromisos adquiridos con el cliente y la capacidad operativa disponible.

Adicionalmente, la gestión de los cambios en los requisitos adquiere una relevancia reforzada en la revisión prevista para 2026. La norma enfatiza la necesidad de controlar dichos cambios de forma planificada, y de evaluar previamente su impacto sobre los procesos, los recursos, los plazos y la conformidad final del producto o servicio.

En conjunto, el requisito evoluciona hacia un modelo de mayor trazabilidad y control de los requisitos, y asegura que cualquier modificación se evalúe, apruebe y comunique de manera adecuada dentro de la organización.

3 Implicaciones para la organización

Será necesario reforzar los procesos de revisión de contratos, pedidos y cambios en los requisitos.

4 Enfoque de auditoría y certificación

Se evaluará la capacidad de la organización para asegurar la comprensión y el cumplimiento continuo de los requisitos del cliente.

8.3. Diseño y desarrollo de los productos y servicios

Referencia en la norma ISO 9001:2015: apartado 8.3
Referencia en la norma ISO/DIS 9001:2026: apartado 8.3

1 Identificación del cambio

La futura ISO 9001:2026 mantiene el enfoque del diseño y desarrollo sin introducir nuevos requisitos, pero refuerza la gestión de cambios y la validación en contextos complejos.

2 Análisis técnico del cambio

Aunque la estructura del requisito se mantiene, la norma ISO 9001:2026 refuerza la integración del enfoque basado en riesgos en todas las etapas del diseño y desarrollo.

La norma pone especial énfasis en:

- La planificación del diseño y desarrollo.
- La definición clara de entradas y salidas.
- La verificación y validación adecuadas al riesgo.
- El control sistemático de los cambios de diseño.

Este enfoque resulta especialmente relevante en organizaciones con actividades de innovación, desarrollo tecnológico o alta complejidad técnica.

Se espera una mayor estructuración del proceso de diseño, especialmente en relación con la gestión de interfaces, riesgos y participación de partes interesadas.

3 Implicaciones para la organización

Las organizaciones con actividades de diseño deberán revisar sus metodologías y evidencias de control.

4 Enfoque de auditoría y certificación

El auditor evaluará la eficacia del proceso de diseño y desarrollo y la gestión de los cambios asociados.

8.4. Control de los procesos, productos y servicios suministrados externamente

Referencia en la norma ISO 9001:2015: apartado 8.4
Referencia en la norma ISO/DIS 9001:2026: apartado 8.4

1 Identificación del cambio

La norma ISO 9001:2026 no introduce cambios relevantes; únicamente refuerza el control de proveedores externos, especialmente en cadenas de suministro complejas y globales.

2 Análisis técnico del cambio

En la revisión prevista para 2026 se refuerza el enfoque basado en riesgos en la gestión de proveedores y procesos externalizados. La norma enfatiza que el tipo y alcance de los controles aplicados deben ser proporcionales al impacto del proveedor sobre la conformidad del producto o servicio.

Se incrementa la expectativa de que la organización:

- Evalúe y seleccione proveedores en función de criterios objetivos.
- Realice un seguimiento del desempeño de los proveedores.
- Integre los riesgos de suministro en la planificación operacional.

El requisito enfatiza la evaluación continua del desempeño de los proveedores y la gestión de riesgos asociados a la externalización.

3 Implicaciones para la organización

Será necesario reforzar los criterios de evaluación, seguimiento y reevaluación de proveedores externos.

4 Enfoque de auditoría y certificación

Se revisará la eficacia del control de proveedores y la trazabilidad de las acciones tomadas.

8.5. Producción y provisión del servicio

> Referencia en la norma ISO 9001:2015: apartado 8.5
> Referencia en la norma ISO/DIS 9001:2026: apartado 8.5

1 Identificación del cambio

La futura ISO 9001:2026 refuerza el control de la producción y de la prestación del servicio, e incorpora la gestión de cambios y la prevención de errores.

2 Análisis técnico del cambio

Este apartado mantiene su estructura, pero la norma ISO 9001:2026 refuerza la necesidad de asegurar la estabilidad y repetibilidad de los procesos operativos. La norma pone mayor atención en:

- La disponibilidad de información documentada adecuada.
- La competencia del personal implicado.
- El control de equipos, herramientas y software utilizados en la operación.

Asimismo, se refuerza la trazabilidad cuando esta sea un requisito aplicable, así como la identificación y preservación del producto.

Se espera una mayor evidencia de control operacional, especialmente en actividades críticas o de alto riesgo.

3 Implicaciones para la organización

Las organizaciones deberán revisar sus controles operativos y las evidencias de seguimiento.

4 Enfoque de auditoría y certificación

El auditor evaluará la consistencia en la ejecución de los procesos y la gestión de desviaciones.

8.6. Liberación de los productos y servicios

Referencia en la norma ISO 9001:2015: apartado 8.6
Referencia en la norma ISO/DIS 9001:2026: apartado 8.6

1 Identificación del cambio

No se incorporan cambios; ISO 9001:2026 mantiene los requisitos de liberación, pero refuerza la trazabilidad y la responsabilidad en la autorización.

2 Análisis técnico del cambio

La revisión prevista para 2026 enfatiza que la liberación de productos y servicios debe basarse en evidencias objetivas de conformidad, claramente definidas y documentadas. Se refuerza la responsabilidad de asegurar que no se liberen productos o servicios no conformes sin la autorización correspondiente.

Se pone énfasis en asegurar que la liberación se realiza solo cuando se cumplen todos los criterios definidos.

3 Implicaciones para la organización

Será necesario revisar los procedimientos de liberación y las evidencias asociadas.

4 Enfoque de auditoría y certificación

El auditor verificará la coherencia entre los criterios de aceptación y las evidencias de liberación.

8.7. Control de las salidas no conformes

Referencia en la norma ISO 9001:2015: apartado 8.7
Referencia en la norma ISO/DIS 9001:2026: apartado 8.7

1 Identificación del cambio

La futura ISO 9001:2026 mantiene el enfoque sobre el control de salidas no conformes, y refuerza la prevención de su uso no intencionado.

2 Análisis técnico del cambio

La norma ISO 9001:2026 mantiene el enfoque del control de no conformidades, pero refuerza la necesidad de una gestión sistemática y eficaz, orientada a prevenir el uso o la entrega no intencionada de productos o servicios no conformes.

Se pone mayor énfasis en:

- La identificación clara de las no conformidades.
- La toma de decisiones oportunas sobre su tratamiento.
- La evaluación de las consecuencias de las no conformidades.

El requisito continúa enfatizando la necesidad de identificar, controlar y tratar adecuadamente las no conformidades.

3 Implicaciones para la organización

Las organizaciones deberán asegurar la eficacia de sus controles sobre productos y servicios no conformes.

4 Enfoque de auditoría y certificación

Se evaluará la coherencia entre la identificación de no conformidades y las acciones tomadas.

CAPÍTULO 9. EVALUACIÓN DEL DESEMPEÑO

El capítulo 9 de la norma ISO 9001 establece los requisitos relativos a la evaluación del desempeño y de la eficacia del sistema de gestión de la calidad (SGC). Este capítulo constituye el mecanismo fundamental para verificar si el sistema planificado y operado conforme a los capítulos 4 a 8 es capaz de alcanzar los resultados previstos. En la revisión prevista para 2026, se refuerza de manera significativa el enfoque hacia la medición basada en resultados, el análisis de datos y la toma de decisiones informada.

La evaluación del desempeño se orienta cada vez más al uso de datos como base para la toma de decisiones, el análisis de tendencias y la identificación de oportunidades de mejora alineadas con la estrategia.

En conjunto, la evolución del capítulo 9 refuerza la evaluación del desempeño como un proceso sistemático, basado en datos y orientado a la mejora y a la toma de decisiones estratégicas.

La norma ISO 9001:2026 consolida un enfoque en el que la medición, el análisis, la auditoría y la revisión por la dirección no se conciben como actividades aisladas, sino como un ciclo integrado de retroalimentación que permite a la organización evaluar la eficacia del SGC y asegurar su mejora continua.

Este enfoque contribuye a incrementar la madurez del sistema de gestión de la calidad, ya que fortalece su capacidad para adaptarse a cambios y mantener un desempeño sostenible a lo largo del tiempo.

9.1. Seguimiento, medición, análisis y evaluación
9.1.1. General
9.1.3. Análisis y evaluación

Referencia en la norma ISO 9001:2015: apartado 9.1, 9.1.1 y 9.1.3
Referencia en la norma ISO/DIS 9001:2026: apartado 9.1, 9.1.1 y 9.1.3

1 Identificación del cambio

La futura ISO 9001:2026 no introduce cambios estructurales en estos puntos, pero refuerza la necesidad de evaluar el desempeño del sistema de gestión de la calidad de forma sistemática, con mayor énfasis en el uso de datos fiables para la toma de decisiones.

2 Análisis técnico del cambio

La norma ISO 9001:2026 refuerza la necesidad de que la organización determine de forma clara qué debe ser objeto de seguimiento y medición, así como los métodos, la frecuencia y los responsables asociados. La norma enfatiza que estas actividades deben estar alineadas con:

- Los objetivos de la calidad.
- Los riesgos y oportunidades identificados.
- Los procesos clave del SGC.

Se incrementa la expectativa de que la evaluación del desempeño se base en indicadores significativos, y se eviten métricas irrelevantes o desconectadas de la toma de decisiones.

Aunque la versión de 2015 ya exigía el seguimiento y análisis del desempeño, la versión prevista para 2026 enfatiza la coherencia entre indicadores, objetivos, riesgos y resultados, y promueve una evaluación más integrada del sistema.

3 Implicaciones para la organización

Las organizaciones deberán revisar sus indicadores y métodos de análisis para asegurar que proporcionan información útil y fiable para la gestión.

4 Enfoque de auditoría y certificación

El auditor evaluará la pertinencia de los indicadores, la fiabilidad de los datos y el uso efectivo de los resultados en la toma de decisiones.

9.1.2. Satisfacción del cliente

Referencia en la norma ISO 9001:2015: apartado 9.1.2
Referencia en la norma ISO/DIS 9001:2026: apartado 9.1.2

1 Identificación del cambio

La norma ISO 9001:2026 no incluye cambios en este punto; únicamente refuerza el seguimiento de la satisfacción del cliente, e incorpora una visión más amplia de la experiencia del cliente, incluidas las redes sociales como una posible fuente de información.

2 Análisis técnico del cambio

El seguimiento de la satisfacción del cliente mantiene su carácter obligatorio, pero ISO 9001:2026 refuerza la necesidad de utilizar métodos adecuados y representativos, considerando tanto datos directos como indirectos.

La norma pone mayor énfasis en el análisis sistemático de la información obtenida, y en utilizar los resultados como entrada para la mejora del SGC, la gestión de riesgos y la planificación estratégica.

La revisión prevista para 2026 refuerza la necesidad de un análisis estructurado de los datos recopilados, orientado a evaluar:

- La conformidad de productos y servicios.
- El grado de satisfacción del cliente.
- El desempeño de los procesos y de los proveedores.
- La eficacia de las acciones para abordar riesgos y oportunidades.

Se espera que este análisis permita identificar tendencias, desviaciones y oportunidades de mejora, y facilite decisiones basadas en evidencia.

El requisito evoluciona hacia una evaluación más estructurada y continua, que tenga en cuenta diversas fuentes de información y tendencias.

3 Implicaciones para la organización

Será necesario fortalecer los métodos de recopilación y análisis de la información relacionada con la percepción del cliente.

4 Enfoque de auditoría y certificación

Se evaluará la coherencia entre los resultados de satisfacción del cliente y las acciones emprendidas.

9.2. Auditoría interna

Referencia en la norma ISO 9001:2015: apartado 9.2
Referencia en la norma ISO/DIS 9001:2026: apartado 9.2

1 Identificación del cambio

La futura ISO 9001:2026 no incluye cambios estructurales, pero refuerza el papel de la auditoría interna como herramienta estratégica de mejora.

2 Análisis técnico del cambio

El requisito de auditoría interna mantiene su estructura, pero la norma ISO 9001:2026 refuerza su orientación hacia la evaluación de la eficacia y el desempeño, más allá de la mera verificación de conformidad.

La norma enfatiza que el programa de auditoría debe:

- Basarse en la importancia de los procesos.
- Considerar los riesgos asociados.
- Tener en cuenta los resultados de auditorías anteriores y los cambios relevantes.

Se incrementa la expectativa de que las auditorías internas aporten valor añadido, al identificar debilidades sistémicas y oportunidades de mejora.

Se espera que la auditoría interna no se limite a la verificación del cumplimiento, sino que aporte valor mediante la identificación de oportunidades de mejora.

3 Implicaciones para la organización

Las organizaciones deberán revisar sus programas de auditoría para asegurar su alineación con riesgos, procesos y objetivos.

4 Enfoque de auditoría y certificación

El auditor externo evaluará la eficacia del sistema de auditorías internas y su contribución a la mejora del sistema.

9.3. Revisión por la dirección

Referencia en la norma ISO 9001:2015: apartado 9.3
Referencia en la norma ISO/DIS 9001:2026: apartado 9.3

1 Identificación del cambio

La norma ISO 9001:2026 matiza que la revisión por la dirección debe incluir los cambios en las necesidades y expectativas de las partes interesadas que sean relevantes para el sistema de gestión de la calidad; además, refuerza su papel como elemento clave para asegurar la adecuación, la eficacia y la alineación estratégica del sistema.

2 Análisis técnico del cambio

La revisión por la dirección se consolida en la norma ISO 9001:2026 como un proceso estratégico, clave para asegurar la adecuación, suficiencia y eficacia del SGC.

La norma refuerza la necesidad de que la revisión:

- Considere información relevante y actualizada sobre el desempeño.
- Evalúe el grado de logro de los objetivos de la calidad.
- Analice la eficacia de las acciones frente a riesgos y oportunidades.
- Identifique oportunidades de mejora y necesidades de cambio.

Se pone mayor énfasis en que las salidas de la revisión por la dirección se traduzcan en decisiones y acciones concretas, claramente documentadas y objeto de seguimiento.

La revisión por la dirección se consolida, así, como un proceso de análisis integral del desempeño, más allá de una revisión formal periódica.

3 Implicaciones para la organización

Será necesario asegurar que las revisiones por la dirección abordan información relevante y generan decisiones y acciones concretas.

4 Enfoque de auditoría y certificación

El auditor evaluará la profundidad de las revisiones, las decisiones tomadas y el seguimiento de las acciones derivadas.

CAPÍTULO 10. MEJORA

El capítulo 10 de la norma ISO 9001 establece los requisitos relativos a la mejora del sistema de gestión de la calidad (SGC) y constituye la culminación del ciclo de gestión basado en el enfoque PDCA. En la revisión prevista para 2026, este capítulo mantiene su estructura, pero refuerza de manera clara la orientación hacia una mejora sistemática, basada en el análisis del desempeño y alineada con la estrategia de la organización.

En conjunto, la evolución del capítulo 10 consolida la mejora como un proceso estructurado, integrado y estratégico, que permite a la organización adaptarse a los cambios, gestionar riesgos y oportunidades y aumentar su capacidad para generar valor.

La norma ISO 9001:2026 refuerza la idea de que la mejora del SGC no debe entenderse únicamente como la corrección de fallos, sino como un mecanismo permanente de aprendizaje organizativo, apoyado en el liderazgo, la evaluación del desempeño y la planificación.

Este enfoque cierra el ciclo del sistema de gestión de la calidad, integrando la mejora continua como elemento esencial para la sostenibilidad y la competitividad de la organización.

10.1. Mejora continua

Referencia en la norma ISO 9001:2015: apartado 10.1 y 10.3
Referencia en la norma ISO/DIS 9001:2026: apartado 10.1

1 Identificación del cambio

La futura ISO 9001:2026 consolida el enfoque de mejora como un elemento estructural del sistema de gestión, y refuerza su carácter continuo y orientado al desempeño.

2 Análisis técnico del cambio

La norma ISO 9001:2026 consolida la mejora como un requisito transversal, no limitado a la corrección de desviaciones, sino orientado a incrementar de forma sostenida la capacidad de la organización para cumplir requisitos y mejorar la satisfacción del cliente.

La norma refuerza la expectativa de que la organización determine y seleccione oportunidades de mejora considerando:

- Los resultados del seguimiento y la medición.
- El análisis del desempeño y de los datos.
- Los resultados de la revisión por la dirección.
- Los cambios en el contexto y en las partes interesadas.
- Los riesgos y oportunidades identificados.

Este enfoque desplaza la mejora desde un plano reactivo hacia una mejora planificada y priorizada, basada en información objetiva.

Mientras que la versión de 2015 establecía la necesidad de mejorar el sistema para cumplir requisitos y aumentar la satisfacción del cliente, la versión prevista para 2026 pone mayor énfasis en la mejora como respuesta a cambios del contexto, riesgos emergentes y oportunidades estratégicas.

3 Implicaciones para la organización

Las organizaciones deberán demostrar que la mejora no se limita a la corrección de desviaciones, sino que forma parte de la planificación y de la gestión global del sistema.

4 Enfoque de auditoría y certificación

El auditor evaluará la capacidad de la organización para identificar oportunidades de mejora y convertirlas en acciones concretas.

10.2. No conformidad y acción correctiva

Referencia en la norma ISO 9001:2015: apartado 10.2
Referencia en la norma ISO/DIS 9001:2026: apartado 10.2

1 Identificación del cambio

La norma ISO 9001:2026 mantiene el enfoque sobre la gestión de no conformidades y acciones correctivas, y refuerza el análisis de causas y la prevención de recurrencias.

2 Análisis técnico del cambio

El tratamiento de las no conformidades mantiene su estructura básica, pero la norma ISO 9001:2026 refuerza el enfoque hacia la eliminación eficaz de las causas y la prevención de su recurrencia.

La norma enfatiza que la organización debe:

- Reaccionar de manera oportuna ante las no conformidades.
- Evaluar la necesidad de acciones para eliminar las causas.
- Implementar acciones correctivas proporcionales al impacto y al riesgo.
- Revisar la eficacia de las acciones adoptadas.

Se incrementa la expectativa de que las acciones correctivas estén basadas en análisis de causa raíz adecuados, y se eviten soluciones superficiales o meramente administrativas.

El requisito continúa exigiendo un tratamiento sistemático de las no conformidades, y pone mayor énfasis en la eficacia de las acciones correctivas y en su integración con la gestión de riesgos.

3 Implicaciones para la organización

Será necesario reforzar los análisis de causa raíz y el seguimiento de la eficacia de las acciones implementadas.

4 Enfoque de auditoría y certificación

El auditor verificará la coherencia entre las no conformidades detectadas, las causas identificadas y las acciones correctivas aplicadas.

5. EJEMPLOS DE APLICACIÓN PRÁCTICA

Con el fin de facilitar la comprensión y aplicación práctica de los cambios introducidos en la norma ISO 9001:2026, se establecen dos organizaciones de referencia sobre las que se desarrollarán los distintos ejemplos y casos prácticos a lo largo del presente documento. Esta metodología permite contextualizar los requisitos normativos y analizar su aplicación en entornos organizativos con características y riesgos diferenciados.

Para el sector de servicios, se define como organización modelo un centro de formación profesional especializado en el área de mecánica, cuya actividad principal se centra en la impartición de formación técnica reglada y no reglada. Este modelo permite ilustrar la aplicación de los requisitos del sistema de gestión de la calidad en organizaciones intensivas en conocimiento, con fuerte interacción con partes interesadas como alumnado, profesorado, administraciones públicas y empresas colaboradoras.

Por otro lado, para el sector industrial, se establece como organización de referencia una empresa dedicada a la fabricación de drones, representativa de un entorno productivo con procesos de diseño, fabricación, verificación y control de producto, así como con requisitos elevados en materia de control operativo, gestión del riesgo, cumplimiento normativo y aseguramiento de la calidad.

Ambos modelos organizativos se utilizarán de forma sistemática como base para el desarrollo de los ejemplos prácticos, lo que permitirá comparar la aplicación de los requisitos de la norma ISO 9001:2026 en contextos de servicios y de fabricación, y facilitará al lector la transferencia de los conceptos analizados a su propia realidad organizativa.

El objetivo es ilustrar de forma práctica cómo se materializan los cambios de la norma respecto a la norma ISO 9001:2015.

En el análisis de cada requisito se incluyen también recomendaciones sobre las evidencias esperadas en la auditoría y los riesgos e incumplimientos más habituales.

CAPÍTULO 4. CONTEXTO DE LA ORGANIZACIÓN

4.1. Comprensión de la organización y de su contexto

Enfoque del cambio en la norma ISO 9001:2026: refuerzo del carácter dinámico y revisable del contexto.

1 Empresa fabricante de drones

La empresa mantiene un proceso formal de vigilancia del contexto externo que integra el seguimiento de la normativa aeronáutica aplicable a los UAS, las tendencias tecnológicas en sensores, baterías y software embarcado, así como los movimientos de los competidores en los mercados objetivos. A nivel interno, la organización evalúa periódicamente la capacidad de ingeniería, la carga de producción, la madurez de los procesos de verificación y la dependencia de personal clave. Este análisis se revisa al menos una vez al año y, adicionalmente, cuando se producen cambios regulatorios relevantes o decisiones estratégicas (por ejemplo, la entrada en nuevos mercados). Los resultados se incorporan como entrada directa a la revisión por la dirección y a la planificación del SGC.

2 Centro de Formación Profesional en mecánica

El centro dispone de un procedimiento de análisis del entorno educativo e industrial que incluye la revisión de la normativa educativa autonómica y estatal, el seguimiento de la demanda de perfiles técnicos por parte de empresas colaboradoras y la evaluación de la evolución tecnológica de los equipos de taller. El análisis se actualiza coincidiendo con la planificación académica anual y cuando se detectan cambios significativos (nuevas cualificaciones, cambios curriculares o necesidades del tejido industrial). La información se utiliza para decidir actualizaciones de programas formativos, inversiones en maquinaria y ajustes metodológicos.

3 Evidencias esperadas en auditoría

- Análisis de contexto actualizado y fechado.
- Registros de revisión periódica.
- Evidencia del uso del contexto en la toma de decisiones.

4 Riesgos habituales / no conformidades

- Análisis inicial no revisado.
- Contexto desconectado de la planificación.

4.2. Partes interesadas

Enfoque del cambio en la norma ISO 9001:2026: seguimiento activo de necesidades y expectativas.

1 Empresa fabricante de drones

La organización identifica como partes interesadas clave a clientes profesionales, autoridades aeronáuticas, proveedores de componentes críticos y personal técnico. Se establecen mecanismos para revisar periódicamente sus expectativas, especialmente ante cambios regulatorios o nuevas aplicaciones del producto, y se evalúa su impacto sobre requisitos, procesos y recursos.

2 Centro de Formación Profesional en mecánica

El centro identifica como partes interesadas relevantes al alumnado, al profesorado, a las empresas colaboradoras, a las administraciones educativas y a las familias. Las expectativas se revisan periódicamente, especialmente las relacionadas con la empleabilidad, las competencias técnicas demandadas y los requisitos administrativos.

3 Evidencias esperadas en auditoría

- Matriz de partes interesadas viva.
- Evidencias de revisión periódica.
- Acciones derivadas documentadas.

4 Riesgos habituales

- Identificación inicial sin mantenimiento.
- Expectativas no trasladadas al SGC.

4.3. Alcance del sistema de gestión de la calidad

Enfoque del cambio en la norma ISO 9001:2026: coherencia reforzada con contexto y riesgos.

1 Empresa fabricante de drones

El alcance incluye el diseño, fabricación y prueba de drones profesionales. Se revisa cuando se introducen nuevas líneas de producto o se externalizan procesos, con el fin de asegurar que refleja fielmente la realidad operativa y los riesgos identificados.

2 Centro de Formación Profesional en mecánica

El alcance incluye la impartición de formación reglada en mecánica y las prácticas en talleres. Se revisa cuando se incorporan nuevas especialidades, modalidades de formación dual o cambios relevantes en recursos e infraestructuras.

3 Evidencias esperadas en auditoría

- Declaración de alcance vigente.
- Justificación de exclusiones.
- Evidencia de revisiones.
- Riesgos habituales.
- Alcance desalineado con la actividad real.

4.4. Sistema de gestión y procesos

Enfoque del cambio en la norma ISO 9001:2026: alineación explícita con riesgos y cambios.

1 Empresa fabricante de drones

La empresa define y mantiene procesos clave, como diseño, compras, ensamblaje, pruebas de vuelo y postventa, y los revisa cuando se producen cambios tecnológicos o regulatorios para asegurar la integridad del sistema. La organización dispone de un mapa de procesos donde incluye todos los definidos tanto los clave como los de apoyo y de gestión, e identifica la interacción entre ellos.

2 Centro de Formación Profesional en mecánica

El centro define procesos de planificación académica, impartición de formación, evaluación del alumnado y relación con empresas, y los revisa ante cambios normativos o tecnológicos. La organización dispone de un mapa de procesos donde incluye todos los definidos, tanto los directamente asociados a la formación como los transversales, de apoyo y de gestión, e identifica la interacción entre ellos.

3 Evidencias esperadas en auditoría

- Mapa de procesos actualizado.
- Registros de revisión tras cambios.

4 Riesgos habituales

- Procesos no revisados tras cambios relevantes.

CAPÍTULO 5. LIDERAZGO

5.1. Liderazgo y compromiso

Enfoque del cambio en la norma ISO 9001:2026: liderazgo activo y demostrable.

1 Empresa fabricante de drones

La alta dirección participa en la revisión trimestral del desempeño del SGC, analiza indicadores de fiabilidad de producto, incidencias de cliente y resultados de auditorías. Asimismo, aprueba inversiones en bancos de ensayo y validación cuando los datos muestran riesgos para la conformidad del producto. La implicación queda evidenciada en actas y decisiones presupuestarias.

2 Centro de Formación Profesional en mecánica

La dirección del centro revisa periódicamente los resultados académicos, las tasas de inserción laboral y la satisfacción de las empresas colaboradoras. En función de estos datos, prioriza inversiones en equipamiento de talleres y planes de formación del profesorado.

3 Evidencias esperadas en auditoría

- Actas de revisión por la dirección.
- Decisiones basadas en indicadores.
- Entrevista con la dirección.

4 Riesgos habituales

- Liderazgo meramente declarativo.

5.2. Política de la calidad

Enfoque del cambio en la norma ISO 9001:2026: consolidación de la política como instrumento estratégico vivo, alineado con el contexto, los riesgos y la dirección futura de la organización.

1 Empresa fabricante de drones

La empresa define su política de la calidad considerando explícitamente el contexto aeronáutico en el que opera, los requisitos regulatorios aplicables a los sistemas aéreos no tripulados (UAS) y su estrategia de posicionamiento en mercados profesionales y de alta fiabilidad.

La alta dirección revisa la política al menos con periodicidad anual y, adicionalmente, cuando se producen cambios relevantes, tales como:

- La entrada en nuevos mercados o aplicaciones.
- La incorporación de tecnologías críticas.
- Las modificaciones regulatorias significativas.
- Los cambios estratégicos en la cartera de productos.

La política se despliega operativamente mediante objetivos de calidad vinculados a la fiabilidad del producto, el cumplimiento normativo y la robustez de los procesos de verificación y validación. Su comunicación se asegura a través de la intranet corporativa, sesiones de sensibilización y su inclusión en los procesos de acogida del personal técnico y de ingeniería.

2 Centro de Formación Profesional en mecánica

El centro establece una política de la calidad alineada con su misión educativa, el marco normativo de la formación profesional y las necesidades del tejido industrial del entorno.

La política incorpora compromisos explícitos relativos a:

- La calidad de la formación práctica en talleres.
- La empleabilidad del alumnado.
- La actualización tecnológica de los recursos formativos.
- La colaboración con empresas del sector.

La dirección revisa la política coincidiendo con la planificación académica anual y siempre que se producen cambios relevantes en la oferta formativa, en los requisitos de la administración educativa o en las necesidades del entorno productivo.

La difusión de la política se realiza mediante el portal del centro, reuniones de claustro, documentación de acogida del profesorado y comunicaciones internas dirigidas al personal de apoyo.

3 Evidencias esperadas en auditoría

- Política de la calidad formalmente aprobada por la alta dirección.
- Evidencias de revisión periódica y actualización.
- Coherencia entre política, contexto, riesgos y objetivos de calidad.
- Evidencias de comunicación y comprensión dentro de la organización.

4 Riesgos habituales / no conformidades

- Política genérica no alineada con la actividad real.
- Falta de evidencia de revisión tras cambios significativos.
- Política no desplegada en objetivos medibles.
- Bajo nivel de conocimiento de la política por parte del personal.

5.3. Roles, responsabilidades y autoridades

Enfoque del cambio en la norma ISO 9001:2026: refuerzo de la claridad organizativa y de la trazabilidad de responsabilidades en entornos dinámicos y sujetos a cambio.

1 Empresa fabricante de drones

La empresa mantiene una estructura organizativa formal que define con claridad las responsabilidades y autoridades relacionadas con el sistema de gestión de la calidad, especialmente en procesos críticos como el diseño, el ensamblaje, la verificación funcional y la liberación de producto.

Se dispone de:

- Organigrama actualizado.
- Descripciones de puesto con responsabilidades de calidad.
- Matriz de responsabilidades (tipo RACI) para procesos clave.

La norma ISO 9001:2026 refuerza la necesidad de asegurar la trazabilidad de responsabilidades en contextos de cambio, por lo que la organización revisa estas asignaciones cuando se producen, entre otros, los siguientes supuestos:

- Incorporación de nuevas tecnologías o líneas de producto.
- Cambios en la estructura de ingeniería o producción.
- Crecimiento significativo de la capacidad productiva.
- Externalización de procesos.

La eficacia del modelo se verifica mediante auditorías internas, revisiones por la dirección y seguimiento de incidencias, en los que se analiza si las responsabilidades han sido ejercidas correctamente.

2 Centro de Formación Profesional en mecánica

El centro define de forma explícita las responsabilidades y autoridades relacionadas con la gestión de la calidad entre la dirección, la jefatura de estudios, los responsables de taller, el profesorado y el personal de apoyo.

Para asegurar la claridad organizativa, el centro mantiene:

- Organigrama funcional actualizado.
- Definición de responsabilidades académicas y de calidad.
- Asignación formal de responsables de procesos clave (planificación, impartición, evaluación y prácticas en empresa).

Con el enfoque reforzado de la norma ISO 9001:2026, el centro revisa las responsabilidades cuando se producen cambios tales como:

- Implantación de nuevos ciclos formativos.
- Introducción de formación dual.
- Cambios en el equipo docente.
- Incorporación de nueva tecnología de taller.

Asimismo, se verifica periódicamente que el personal comprende su papel en el sistema de gestión de la calidad, especialmente en lo relativo al control de la formación práctica y la evaluación del alumnado.

3 Evidencias esperadas en auditoría

- Organigrama vigente y coherente con la realidad.
- Descripciones de puesto o funciones documentadas.
- Matrices de responsabilidades en procesos clave.
- Evidencias de revisión tras cambios organizativos.
- Evidencias de que el personal conoce sus responsabilidades.

4 Riesgos habituales / no conformidades

- Responsabilidades definidas, pero no actualizadas.
- Solapamientos o vacíos de autoridad en procesos críticos.
- Falta de evidencia de comunicación interna de funciones.
- Desconexión entre la estructura formal y la operativa real.
- Dependencia de personas clave sin respaldo organizativo.

CAPÍTULO 6. PLANIFICACIÓN

6.1. Acciones para abordar riesgos y oportunidades

Enfoque del cambio en la norma ISO 9001:2026: integración real del riesgo en la planificación.

1 Empresa fabricante de drones

La empresa mantiene una metodología estructurada para la identificación y evaluación de riesgos y oportunidades a nivel de procesos, productos y cadena de suministro. Entre los riesgos críticos identificados se incluyen, por ejemplo:

- Fallos del sistema de control de vuelo.
- Obsolescencia tecnológica de componentes electrónicos.
- Dependencia de proveedores de componentes críticos.
- Incumplimiento de requisitos regulatorios aeronáuticos.

Para cada riesgo significativo, la organización define acciones específicas tales como:

- Refuerzo de pruebas funcionales y de estrés.
- Incorporación de redundancia en sistemas críticos.
- Homologación de proveedores alternativos.
- Vigilancia normativa sistemática.

La norma ISO 9001:2026 refuerza la necesidad de demostrar la integración operativa del riesgo, por lo que la empresa vincula estos riesgos a planes de control, revisiones de diseño, criterios de aceptación y objetivos de calidad. La eficacia de las acciones se evalúa mediante indicadores de fiabilidad, incidencias de cliente y resultados de verificación en vuelo.

En cuanto a oportunidades, la organización identifica, entre otras, el desarrollo de drones de alta fiabilidad para aplicaciones profesionales y gubernamentales, lo que se traduce en proyectos de innovación y mejoras de proceso.

2 Centro de Formación Profesional en mecánica

El centro aplica un enfoque sistemático para identificar riesgos y oportunidades que puedan afectar a la calidad del servicio formativo. Entre los riesgos relevantes se consideran:

- Desactualización tecnológica de los talleres.
- Desalineación entre contenidos formativos y necesidades del sector industrial.
- Insuficiente disponibilidad de profesorado especializado.
- Descenso de la empleabilidad del alumnado.

Para abordar estos riesgos, el centro planifica acciones como:

- Actualización periódica de equipamiento de taller.
- Revisión anual de programas formativos con participación de empresas.
- Planes de formación y captación de profesorado técnico.
- Seguimiento sistemático de la inserción laboral.

La norma ISO 9001:2026 refuerza la necesidad de que estas acciones estén claramente vinculadas al desempeño del sistema, por lo que el centro monitoriza indicadores de satisfacción del alumnado, resultados académicos y empleabilidad, y utiliza esta información para ajustar su planificación.

Como oportunidades, el centro identifica el fortalecimiento de la formación dual y la ampliación de la colaboración con empresas del entorno, e integra ambas en su planificación estratégica.

3 Evidencias esperadas en auditoría

- Metodología definida para identificar riesgos y oportunidades.
- Matriz de riesgos actualizada y priorizada.
- Acciones planificadas y ejecutadas vinculadas a riesgos relevantes.
- Evidencias de seguimiento de la eficacia de las acciones.
- Integración del riesgo en procesos y objetivos.

4 Riesgos habituales / no conformidades

- Identificación de riesgos sin acciones asociadas.
- Evaluaciones de riesgo genéricas o no priorizadas.
- Falta de seguimiento de la eficacia de las acciones.
- Riesgos desconectados de la operación real.
- Oportunidades identificadas, pero no planificadas.

6.2. Objetivos de la calidad y planificación para lograrlos

Enfoque del cambio en la norma ISO 9001:2026: refuerzo de la alineación estratégica de los objetivos, su medición efectiva y el seguimiento basado en datos fiables.

1 Empresa fabricante de drones

La empresa establece anualmente objetivos de calidad vinculados a la fiabilidad del producto, la robustez de los procesos y la satisfacción del cliente profesional. Entre los objetivos prioritarios se incluyen, por ejemplo:

- Reducción de la tasa de fallos detectados en pruebas de vuelo.
- Disminución de incidencias de postventa en los primeros seis meses de operación.
- Mejora del cumplimiento de plazos de entrega.
- Reducción de no conformidades en el ensamblaje final.

Para cada objetivo, la organización define:

- Un indicador cuantificable y un método de cálculo.
- Un valor objetivo y umbrales de alerta.
- Un responsable de seguimiento.
- Los recursos necesarios.
- El plazo de consecución.

La norma ISO 9001:2026 refuerza la necesidad de demostrar la coherencia entre objetivos y riesgos identificados, por lo que la empresa vincula explícitamente determinados objetivos a riesgos críticos (por ejemplo, la fiabilidad del sistema de control de vuelo). El seguimiento se realiza mensualmente mediante cuadros de mando y se analiza en la revisión por la dirección, donde se decide la necesidad de acciones adicionales o la redefinición de objetivos.

2 Centro de Formación Profesional en mecánica

El centro define objetivos de calidad alineados con su misión educativa y con las necesidades del entorno industrial. Entre los objetivos más relevantes se encuentran:

- Mejora de la tasa de aprobación en módulos prácticos.
- Incremento del índice de satisfacción del alumnado.
- Aumento del porcentaje de inserción laboral del alumnado titulado.
- Reducción de incidencias en talleres formativos.

Para asegurar su consecución, el centro establece planes de acción que incluyen:

- Revisión metodológica de módulos con mayor tasa de dificultad.
- Actualización de equipamiento de talleres.
- Refuerzo de la coordinación con empresas colaboradoras.
- Acciones de formación del profesorado.

En línea con ISO 9001:2026, el centro realiza un seguimiento periódico de los indicadores y analiza tendencias, no solo resultados puntuales. Los resultados se revisan en reuniones de equipo directivo y se integran en la planificación académica del siguiente ciclo.

3 Evidencias esperadas en auditoría

- Objetivos de calidad documentados y medibles.
- Vinculación explícita con la política y el contexto.
- Planes de acción definidos para su logro.
- Seguimiento periódico mediante indicadores fiables.
- Evidencias de revisión y, en su caso, actualización de objetivos.

4 Riesgos habituales / no conformidades

- Objetivos genéricos o no cuantificables.
- Indicadores no representativos del desempeño real.
- Falta de planificación para lograr los objetivos.
- Seguimiento irregular o meramente formal.
- Desconexión entre objetivos, riesgos y estrategia.

6.3. Planificación de los cambios

Enfoque del cambio en la norma ISO 9001:2026: refuerzo de la gestión estructurada del cambio y de la preservación de la integridad del SGC durante las transiciones.

1 Empresa fabricante de drones

La empresa dispone de un procedimiento formal de gestión del cambio aplicable a modificaciones de diseño, procesos productivos, software embarcado, proveedores críticos y configuraciones de producto.

Cuando se plantea, por ejemplo, la introducción de un nuevo modelo de dron o la modificación de un componente crítico, se activa un registro de cambio que incluye:

- Descripción y justificación técnica del cambio.
- Análisis de impacto sobre requisitos del producto, seguridad de vuelo y cumplimiento normativo.
- Evaluación de necesidades de recursos (equipos, personal y software).
- Identificación de riesgos asociados (técnicos, regulatorios y operativos).
- Definición de responsables de implantación y verificación.

Antes de la liberación del cambio, se realizan actividades de verificación y, cuando procede, validación en vuelo. La norma ISO 9001:2026 refuerza la necesidad de preservar la integridad del SGC, por lo que la empresa verifica que los procesos afectados, la documentación técnica y los planes de control han sido actualizados.

Tras la implantación, se realiza un seguimiento específico mediante indicadores de fiabilidad y análisis de incidencias para confirmar la eficacia del cambio.

2 Centro de Formación Profesional en mecánica

El centro aplica un enfoque estructurado para la gestión de cambios relevantes, tales como:

- Implantación de nuevos ciclos formativos.
- Introducción de formación dual.
- Incorporación de nueva maquinaria de taller.
- Cambios metodológicos significativos.

Ante la introducción de un nuevo ciclo formativo, el centro realiza una evaluación previa que contempla:

- Adecuación de instalaciones y equipamiento.
- Disponibilidad y competencia del profesorado.
- Requisitos de acreditación y normativa educativa.
- Impacto sobre la planificación académica y las ratios de alumnado.
- Riesgos para la calidad del proceso formativo.

La dirección valida el cambio antes de su implantación y se actualizan los documentos del SGC afectados (programaciones, procedimientos y asignaciones de responsabilidad).

En línea con la norma ISO 9001:2026, el centro realiza un seguimiento durante el primer ciclo de implantación, analiza indicadores de satisfacción, resultados académicos e incidencias en talleres, con el fin de confirmar que el cambio ha sido eficaz y no ha generado desviaciones no previstas.

3 Evidencias esperadas en auditoría

- Procedimiento o metodología formal de gestión del cambio.
- Registros de evaluación de impacto previos a la implantación.
- Evidencias de aprobación del cambio por la autoridad competente.
- Actualización de documentación y procesos afectados.
- Seguimiento posterior para verificar la eficacia del cambio.

4 Riesgos habituales / no conformidades

- Cambios implantados sin evaluación previa estructurada.
- Análisis de impacto incompleto (sin considerar recursos o riesgos).
- Falta de actualización de la información documentada.
- Ausencia de verificación posterior al cambio.
- Gestión reactiva de cambios tecnológicos.

CAPÍTULO 7.
APOYO

7.1. Recursos

Enfoque del cambio en ISO 9001:2026: refuerzo del enfoque integral, la continuidad operativa y la digitalización.

1 Empresa fabricante de drones

La empresa determina anualmente sus necesidades de recursos en el marco de la planificación estratégica y de la revisión del SGC. Este análisis contempla de forma integrada:

- Recursos humanos especializados (ingeniería, verificación, ensamblaje).
- Infraestructuras físicas (áreas ESD, laboratorios de prueba, bancos de ensayo).
- Plataformas digitales de diseño y control de versiones.
- Equipos de seguimiento y medición.
- Conocimiento técnico crítico.

La norma ISO 9001:2026 refuerza la necesidad de anticipar riesgos de capacidad y obsolescencia, por lo que la organización mantiene:

- Un plan de capacidades de ingeniería y producción.
- Evaluaciones periódicas de obsolescencia de herramientas CAD y sistemas de prueba.
- Planes de mantenimiento preventivo de equipos críticos.
- Seguimiento de la disponibilidad de personal clave.

Cuando se prevén incrementos de demanda o lanzamientos de nuevos modelos, la empresa activa revisiones específicas de recursos para asegurar que la capacidad operativa es coherente con los compromisos comerciales y regulatorios.

La eficacia de la gestión de recursos se evalúa mediante indicadores de carga de producción, incidencias por fallos de equipo, cumplimiento de plazos y resultados de auditorías internas.

2 Centro de Formación Profesional en mecánica

El centro determina y planifica los recursos necesarios para garantizar la calidad del proceso formativo, considerando de forma integrada:

- Disponibilidad y competencia del profesorado técnico.
- Adecuación de talleres y maquinaria didáctica.
- Plataformas digitales de gestión académica y aprendizaje.
- Recursos de evaluación del alumnado.
- Conocimiento pedagógico y técnico.

En línea con la norma ISO 9001:2026, el centro realiza una revisión anual de recursos coincidiendo con la planificación académica, y analiza especialmente:

- Las ratios alumno/profesor en módulos prácticos.
- El grado de actualización tecnológica de los talleres.
- Las necesidades de inversión en equipamiento.
- La disponibilidad de profesorado en especialidades críticas.

Cuando se implantan nuevos ciclos formativos o modalidades como la formación dual, el centro realiza una evaluación específica de recursos antes de su aprobación.

El seguimiento se realiza mediante indicadores de ocupación de talleres, incidencias en la impartición, satisfacción del alumnado y resultados académicos.

3 Evidencias esperadas en auditoría

- Determinación documentada de necesidades de recursos.
- Evidencias de planificación y revisión periódica.
- Vinculación entre recursos, riesgos y objetivos.
- Registros de mantenimiento y actualización de infraestructuras.
- Seguimiento de la adecuación de recursos humanos y tecnológicos.

4 Riesgos habituales / no conformidades

- Determinación de recursos meramente declarativa.
- Falta de anticipación a necesidades futuras.
- Infraestructura tecnológica obsoleta no evaluada.
- Dependencia de personal clave sin planificación.
- Recursos definidos, pero no mantenidos ni verificados.

7.1.2. Personas

Enfoque del cambio en la norma ISO 9001:2026: refuerzo de la planificación de la disponibilidad efectiva de personal competente y de la continuidad operativa en funciones críticas.

1 Empresa fabricante de drones

La empresa ha identificado como funciones críticas para la conformidad del producto:

- Diseño electrónico y de sistemas de control de vuelo.
- Programación del software embarcado.
- Ensamblaje final en zona ESD.
- Verificación funcional y pruebas de vuelo.

A partir de esta identificación, la organización mantiene un análisis periódico de riesgos de disponibilidad del personal clave, considerando factores como:

- Rotación de perfiles altamente especializados.
- Dependencia de expertos únicos en determinadas tecnologías.
- Incrementos de carga de trabajo en lanzamientos de nuevos modelos.
- Posibles ausencias prolongadas.

En coherencia con el enfoque reforzado de la norma ISO 9001:2026, la empresa ha implantado medidas preventivas tales como:

- Planes de formación cruzada entre técnicos de ensamblaje y verificación.
- Definición de perfiles de respaldo para funciones críticas.
- Seguimiento mensual de la carga de trabajo de ingeniería y producción.
- Planificación anticipada de necesidades de contratación.

La eficacia de estas acciones se evalúa mediante indicadores de cumplimiento de plazos, incidencias por error humano y resultados de auditorías de proceso.

2 Centro de Formación Profesional en mecánica

El centro identifica como personal crítico para la calidad del servicio formativo:

- Profesorado de módulos prácticos de taller.
- Responsables de mantenimiento de maquinaria.
- Coordinadores de prácticas en empresa.

En línea con ISO 9001:2026, el centro realiza un análisis de riesgos asociado a la disponibilidad del profesorado técnico, considerando:

- Dificultad de sustitución en especialidades concretas.
- Picos de carga docente.
- Nuevas necesidades derivadas de la formación dual.
- Evolución tecnológica que exige actualización continua.

Como medidas de control, el centro mantiene:

- Planificación de sustituciones y bolsa de profesorado colaborador.
- Programas de actualización técnica del profesorado.
- Análisis periódico de las ratios alumno/profesor en módulos prácticos.
- Coordinación entre la jefatura de estudios y la dirección para anticipar necesidades.

El seguimiento se realiza mediante indicadores de continuidad docente, incidencias en la impartición y resultados académicos del alumnado.

3 Evidencias esperadas en auditoría

- Identificación documentada de puestos críticos.
- Evaluación de riesgos de disponibilidad de personal.
- Planes de formación, polivalencia o sustitución.
- Registros de seguimiento de carga de trabajo.
- Coherencia entre recursos humanos y actividad real.

4 Riesgos habituales / no conformidades

- Plantilla definida sin análisis de criticidad.
- Dependencia de personas clave sin plan de contingencia.
- Falta de anticipación a picos de carga.
- Evaluación de recursos humanos meramente cuantitativa.
- Desalineación entre competencia requerida y disponible.

7.1.3. Infraestructura

Enfoque del cambio en la norma ISO 9001:2026: refuerzo de la identificación de infraestructuras críticas, con especial atención a la digitalización, la obsolescencia tecnológica y la continuidad operativa.

1 Empresa fabricante de drones

La empresa identifica como infraestructuras críticas para la conformidad del producto:

- Áreas de ensamblaje con control ESD.
- Laboratorios de pruebas electrónicas.
- Bancos automatizados de ensayo funcional.
- Zonas de pruebas de vuelo controladas.
- Plataformas CAD/CAE de diseño.
- Sistemas de gestión de versiones del software embarcado.
- Servidores de almacenamiento de datos de verificación.

En línea con ISO 9001:2026, la organización mantiene un inventario clasificado por criticidad y realiza evaluaciones periódicas de riesgo que consideran:

- El impacto de fallo de equipos de ensayo.
- La obsolescencia de herramientas de diseño.
- Las vulnerabilidades en sistemas digitales.
- La capacidad de las instalaciones ante incrementos de producción.

Como controles preventivos, la empresa dispone de:

- Un plan de mantenimiento preventivo y calibración de equipos críticos.
- Una política de actualización de software de diseño y simulación.
- Copias de seguridad y redundancia de sistemas informáticos.
- Revisión anual de adecuación tecnológica.

La eficacia de la infraestructura se evalúa mediante indicadores de disponibilidad de equipos, incidencias técnicas, retrasos por fallo de medios y resultados de auditorías internas.

2 Centro de Formación Profesional en mecánica

El centro identifica como infraestructuras críticas para la calidad del proceso formativo:

- Talleres de mecanizado, automoción y sistemas mecánicos.
- Maquinaria didáctica (tornos, fresadoras, equipos de diagnosis).
- Aulas técnicas especializadas.
- Plataformas digitales de gestión académica y aprendizaje.
- Sistemas de seguridad en talleres.

La norma ISO 9001:2026 refuerza la necesidad de evaluar la adecuación tecnológica respecto al entorno industrial real, por lo que el centro realiza revisiones periódicas que consideran:

- El grado de actualización de la maquinaria.
- La correspondencia con tecnologías utilizadas por empresas colaboradoras.
- La capacidad de los talleres frente al número de alumnos.
- El estado de mantenimiento y seguridad de los equipos.

Como medidas de control, el centro mantiene:

- Inventario de infraestructuras y equipos.
- Plan de mantenimiento preventivo de maquinaria.
- Planificación de inversiones y renovaciones.
- Verificación periódica de plataformas digitales educativas.

El seguimiento se realiza mediante indicadores de incidencias en talleres, disponibilidad de equipos, resultados de evaluaciones prácticas y observaciones de auditoría interna.

3 Evidencias esperadas en auditoría

- Inventario actualizado de infraestructuras.
- Identificación de infraestructuras críticas.
- Planes de mantenimiento y registros asociados.
- Evaluaciones de obsolescencia tecnológica.
- Evidencias de control de sistemas digitales.
- Seguimiento de disponibilidad operativa.

4 Riesgos habituales / no conformidades

- Infraestructura digital no considerada como crítica.
- Mantenimiento reactivo en lugar de preventivo.
- Equipos obsoletos sin evaluación formal.
- Falta de respaldo de sistemas informáticos.
- Capacidad de instalaciones no alineada con la demanda.
- Inventarios desactualizados o incompletos.

7.1.4. Ambiente para la operación de los procesos

Enfoque del cambio en ISO 9001:2026: ampliación del concepto de ambiente de trabajo, incorporando de forma más explícita los factores humanos, organizativos y psicosociales que pueden influir en la conformidad del producto o servicio.

1 Empresa fabricante de drones

La empresa ha identificado que el ambiente de operación influye de forma directa en la calidad del ensamblaje electrónico y en la fiabilidad de las pruebas funcionales.

En particular, se controlan como condiciones críticas:

- Control ESD en áreas de ensamblaje de electrónica.
- Niveles de iluminación en estaciones de montaje de precisión.
- Ergonomía de puestos de ensamblaje y verificación.
- Niveles de ruido en laboratorios de prueba.
- Carga de trabajo en fases de lanzamiento de nuevos modelos.

En línea con la norma ISO 9001:2026, la organización ha ampliado su evaluación para incluir factores humanos y organizativos. Por ejemplo:

- Seguimiento de horas extraordinarias en picos de producción.
- Evaluación de fatiga operativa en pruebas repetitivas.
- Revisión de incidencias asociadas a error humano.

Cuando se detectan desviaciones (por ejemplo, aumento de errores de montaje), se analizan las condiciones ambientales y organizativas como posibles causas.

El control se evidencia mediante inspecciones de planta, evaluaciones ergonómicas y registros de seguridad y salud.

2 Centro de Formación Profesional en mecánica

El centro gestiona el ambiente de los procesos formativos, especialmente en los talleres, donde las condiciones influyen tanto en la calidad del aprendizaje como en la seguridad del alumnado.

Se consideran factores relevantes tales como:

- Condiciones de seguridad y orden en talleres.
- Ergonomía de puestos de trabajo del alumnado.
- Niveles de ruido e iluminación en prácticas.
- Adecuación del número de alumnos por puesto de trabajo.
- Clima de aprendizaje en aulas técnicas.

La norma ISO 9001:2026 refuerza la consideración de factores organizativos, por lo que el centro realiza el seguimiento de:

- Sobrecarga de grupos en módulos prácticos.
- Incidencias de seguridad en talleres.
- Observaciones del profesorado sobre dificultades operativas.

Cuando se detectan problemas (por ejemplo, aumento de incidencias en prácticas), se evalúa si el ambiente de operación es un factor contribuyente.

El control se evidencia mediante evaluaciones de riesgos, inspecciones de talleres y registros de incidencias.

3 Evidencias esperadas en auditoría

- Identificación de condiciones ambientales relevantes.
- Evaluaciones de puestos de trabajo o talleres.
- Registros de control de condiciones críticas (ESD, iluminación, etc.).
- Evidencias de consideración de factores humanos.
- Acciones tomadas ante desviaciones del entorno operativo.

4 Riesgos habituales / no conformidades

- Enfoque limitado solo a condiciones físicas básicas.
- Factores humanos no considerados en procesos críticos.
- Sobrecarga operativa sin evaluación de impacto.

(continuación...)

- Condiciones de taller/aula no alineadas con la actividad real.
- Falta de evidencias de seguimiento del ambiente de trabajo.

7.1.5. Recursos de seguimiento y medición

Enfoque del cambio en ISO 9001:2026: refuerzo de la fiabilidad de los datos utilizados para la toma de decisiones, e inclusión explícita de herramientas digitales y software de medición.

1 Empresa fabricante de drones

La empresa utiliza diversos recursos de seguimiento y medición a lo largo del ciclo de vida del producto, entre ellos:

- Equipos de medición dimensional de componentes estructurales.
- Bancos automatizados de ensayo funcional.
- Sistemas de adquisición y análisis de datos de vuelo.
- Software de evaluación del rendimiento del dron.
- Herramientas digitales de seguimiento de indicadores de proceso.

En línea con ISO 9001:2026, la organización ha clasificado estos recursos según su criticidad para la conformidad del producto y ha establecido controles diferenciados.

Para equipos físicos críticos, mantiene:

- Un programa de calibración con trazabilidad a patrones reconocidos.
- Verificación intermedia cuando aplica.
- Identificación del estado de calibración.

Para herramientas de software que influyen en decisiones de calidad, la empresa realiza:

- Validación inicial antes de su uso.
- Control de versiones.
- Verificación periódica de integridad de datos.
- Evaluación del riesgo de fallo o uso indebido.

Además, se analiza el impacto potencial de mediciones incorrectas sobre la liberación del producto, e integra este aspecto en la gestión de riesgos.

La eficacia del sistema se evalúa mediante auditorías internas, revisión de certificados de calibración, análisis de incidencias y seguimiento de la calidad de los datos.

2 Centro de Formación Profesional en mecánica

El centro utiliza recursos de seguimiento y medición principalmente asociados al control del proceso formativo y del desempeño del alumnado, tales como:

- Sistemas de evaluación académica.
- Plataformas digitales de gestión del aprendizaje.
- Indicadores de resultados formativos.
- Herramientas de seguimiento de prácticas en taller.

La norma ISO 9001:2026 refuerza la necesidad de asegurar la fiabilidad de los datos educativos, por lo que el centro ha establecido controles como:

- Verificación periódica de la correcta configuración de la plataforma académica.
- Revisión de la integridad de los registros de evaluación.
- Control de accesos y versiones en sistemas digitales.
- Validación de cambios relevantes en herramientas informáticas.

Cuando los datos se utilizan para decisiones estratégicas (por ejemplo, revisión de programas o evaluación del profesorado), se realizan comprobaciones adicionales de coherencia y trazabilidad.

El seguimiento se evidencia mediante auditorías internas, revisiones de indicadores y controles del sistema informático.

3 Evidencias esperadas en auditoría

- Identificación de recursos de medición críticos.
- Programa de calibración vigente para equipos físicos.
- Registros de validación de software relevante.
- Control de versiones y de integridad de datos.
- Evaluación del riesgo asociado a mediciones incorrectas.
- Evidencias de uso de datos fiables en la toma de decisiones.

4 Riesgos habituales / no conformidades

- Software de medición no validado.
- Equipos fuera de calibración o con trazabilidad incompleta.
- Datos utilizados sin verificación de integridad.
- Clasificación insuficiente de la criticidad de los recursos.
- Dependencia de hojas de cálculo o herramientas no controladas.
- Falta de análisis del impacto de errores de medición.

7.1.6. Conocimiento de la organización

Enfoque del cambio en ISO 9001:2026: refuerzo de la identificación, preservación y transferencia sistemática del conocimiento crítico para la eficacia del SGC y la continuidad operativa.

1 Empresa fabricante de drones

La empresa ha identificado como conocimiento crítico para la conformidad del producto, entre otros:

- Algoritmos de control de vuelo y navegación.
- Criterios de verificación funcional y pruebas de vuelo.
- Procedimientos de calibración de sensores.
- Configuraciones de integración hardware-software.
- Lecciones aprendidas de incidencias de postventa.

En coherencia con ISO 9001:2026, la organización mantiene un enfoque estructurado que incluye:

- Repositorios digitales controlados con gestión de versiones.
- Documentación técnica normalizada.
- Sesiones internas de transferencia de conocimiento entre ingeniería y producción.
- Registros de lecciones aprendidas tras incidencias relevantes.
- Planes de contingencia ante la salida de personal clave.

Asimismo, se realiza una revisión periódica para detectar brechas de conocimiento, especialmente cuando:

- Se introducen nuevas tecnologías.
- Se incorporan nuevos perfiles técnicos.
- Se detectan incidencias repetitivas.

La eficacia del sistema se evalúa mediante auditorías internas, análisis de tiempos de resolución de problemas y seguimiento de errores recurrentes.

2 Centro de Formación Profesional en mecánica

El centro identifica como conocimiento organizativo crítico:

- Experiencia práctica del profesorado en tecnologías mecánicas.
- Metodologías didácticas eficaces en formación técnica.
- Procedimientos de uso seguro de maquinaria de taller.
- Criterios de evaluación práctica del alumnado.
- Información sobre necesidades del tejido industrial colaborador.

La norma ISO 9001:2026 refuerza la necesidad de preservar este conocimiento frente a la rotación docente y la evolución tecnológica. Para ello, el centro mantiene:

- Repositorios de programaciones y materiales didácticos.
- Reuniones periódicas de coordinación entre el profesorado.
- Programas de acogida para nuevos docentes.
- Registros de buenas prácticas de taller.
- Planes de actualización técnica del profesorado.

Además, cuando se incorporan nuevas tecnologías de taller o se implantan nuevos ciclos formativos, el centro evalúa las necesidades adicionales de conocimiento y planifica acciones formativas.

El seguimiento se realiza mediante observaciones en aula y taller, resultados académicos e incidencias formativas.

3 Evidencias esperadas en auditoría

- Identificación del conocimiento crítico para los procesos.
- Repositorios documentales controlados y accesibles.
- Registros de transferencia de conocimiento.
- Acciones ante riesgos de pérdida de conocimiento.
- Evidencias de actualización del conocimiento cuando cambia el contexto.

4 Riesgos habituales / no conformidades

- Dependencia de conocimiento tácito no documentado.
- Pérdida de *know-how* por rotación de personal.
- Repositorios desactualizados o no controlados.
- Falta de transferencia entre áreas o docentes.
- Conocimiento no alineado con la evolución tecnológica.
- Gestión reactiva en lugar de preventiva.

CAPÍTULO 8. OPERACIÓN

8.1. Planificación y control operacional

Enfoque del cambio en ISO 9001:2026: refuerzo de la coherencia entre la planificación operativa, los riesgos identificados y la gestión controlada de los cambios en los procesos.

1 Empresa fabricante de drones

La empresa planifica y controla sus procesos operativos clave mediante planes de control específicos que cubren:

- Diseño e industrialización.
- Compras de componentes críticos.
- Ensamblaje electrónico y estructural.
- Integración de software embarcado.
- Pruebas funcionales y de vuelo.
- Liberación del producto.

Para cada fase se han definido:

- Criterios de aceptación.
- Puntos de control y verificación.
- Responsables de proceso.
- Registros obligatorios.
- Condiciones operativas específicas (por ejemplo, control ESD).

En línea con ISO 9001:2026, la organización ha reforzado la vinculación entre riesgos y controles operativos. Por ejemplo:

- Mayor intensidad de pruebas en sistemas de control de vuelo.
- Controles adicionales en recepción de componentes críticos.
- Validaciones reforzadas tras cambios de diseño.

Cuando se producen modificaciones relevantes (nuevo proveedor, cambio de *firmware*, ajuste de proceso), se activa el procedimiento de gestión del cambio antes de su implantación.

El seguimiento de la eficacia operativa se realiza mediante indicadores de fallos en prueba, incidencias de cliente, retrabajos y resultados de auditorías de proceso.

2 Centro de Formación Profesional en mecánica

El centro planifica y controla la prestación del servicio formativo mediante la programación académica anual y la planificación detallada de módulos, talleres y prácticas en empresa.

Los controles operativos incluyen:

- Programaciones didácticas aprobadas.
- Planificación de uso de talleres y maquinaria.
- Asignación de profesorado por módulo.
- Control de asistencia y evaluación del alumnado.
- Coordinación de prácticas en empresa.

La norma ISO 9001:2026 refuerza la necesidad de asegurar la coherencia entre riesgos formativos y controles operativos. Por ello, el centro ha intensificado el seguimiento en áreas como:

- Módulos con históricamente baja tasa de aprobación.
- Prácticas con mayor riesgo de seguridad.
- Grupos con alta ratio alumno/profesor.
- Implantación de nuevas metodologías o tecnologías.

Cuando se introducen cambios relevantes (nuevo ciclo, nueva maquinaria, modificación curricular), se realiza una evaluación previa y se actualizan las programaciones y los recursos antes de la implantación.

La eficacia del control operacional se evalúa mediante resultados académicos, incidencias en talleres, satisfacción del alumnado y auditorías internas.

3 Evidencias esperadas en auditoría

- Planificación documentada de la operación.
- Planes de control o equivalentes en procesos críticos.
- Criterios de aceptación definidos.
- Evidencias de control de cambios operativos.
- Registros de ejecución de procesos.
- Indicadores de desempeño operativo.

4 Riesgos habituales / no conformidades

- Planificación operativa genérica o poco definida.
- Controles no alineados con la criticidad del proceso.
- Cambios implantados sin evaluación previa.
- Registros operativos incompletos o inconsistentes.
- Desconexión entre riesgos identificados y controles reales.
- Sobrecarga operativa no considerada.

8.2. Requisitos para los productos y servicios

Enfoque del cambio en ISO 9001:2026: refuerzo de la determinación robusta de requisitos, la revisión previa a la aceptación y el control sistemático de los cambios.

1 Empresa fabricante de drones

La empresa dispone de un proceso formal para la gestión de requisitos de cliente que se activa antes de la aceptación de pedidos, contratos o proyectos especiales.

En la fase de determinación de requisitos, la organización identifica y documenta:

- Requisitos técnicos del cliente.
- Requisitos regulatorios aeronáuticos aplicables.
- Requisitos implícitos de seguridad y fiabilidad.
- Condiciones de entrega y soporte de postventa.
- Requisitos derivados de la aplicación prevista del dron.

La norma ISO 9001:2026 refuerza la necesidad de una revisión previa robusta, por lo que la empresa realiza una revisión multidisciplinar (ingeniería, calidad y operaciones) en la que se evalúa:

- La viabilidad técnica.
- La capacidad productiva.
- Los riesgos asociados.
- La necesidad de validaciones adicionales.

Solo tras esta revisión se formaliza la aceptación del pedido.

Cuando se producen cambios en los requisitos (por ejemplo, modificación de prestaciones, *firmware* o condiciones de uso), se activa un control formal de cambios que incluye:

- Análisis de impacto técnico y regulatorio.
- Actualización de la documentación y los planes de control.
- Comunicación interna a las áreas afectadas.
- Confirmación con el cliente cuando aplica.

La eficacia del proceso se evalúa mediante incidencias de postventa, reclamaciones de cliente y desviaciones detectadas en pruebas.

2 Centro de Formación Profesional en mecánica

El centro gestiona los requisitos del servicio formativo a partir de múltiples fuentes:

- Normativa educativa vigente.
- Requisitos de la administración educativa.

(continuación...)

- Necesidades del alumnado.
- Expectativas de empresas colaboradoras.
- Requisitos de acreditación de ciclos.

Antes de implantar un programa formativo o aceptar grupos, el centro realiza una revisión que contempla:

- El cumplimiento normativo del programa.
- La disponibilidad de profesorado cualificado.
- La adecuación de talleres y equipamiento.
- Las ratios alumno/profesor.
- Los requisitos de prácticas en empresa.

En línea con ISO 9001:2026, el centro ha reforzado el control de cambios en requisitos, especialmente cuando se producen:

- Modificaciones curriculares.
- Cambios en la normativa educativa.
- Nuevas exigencias de empresas colaboradoras.
- Ajustes en la modalidad formativa (por ejemplo, formación dual).

Estos cambios se analizan, se comunican al profesorado afectado y se reflejan en las programaciones y en la planificación académica.

El seguimiento de la eficacia se realiza mediante la satisfacción del alumnado, los resultados académicos, las incidencias formativas y las observaciones de auditoría interna.

3 Evidencias esperadas en auditoría

- Metodología definida para determinar requisitos.
- Registros de revisión previa a la aceptación.
- Evidencias de evaluación de la capacidad de cumplimiento.
- Control documentado de cambios de requisitos.
- Comunicación interna de modificaciones.
- Análisis de incidencias relacionadas con requisitos.

4 Riesgos habituales / no conformidades

- Requisitos del cliente incompletos o implícitos no identificados.
- Aceptación de pedidos sin revisión de viabilidad.
- Cambios de requisitos no controlados formalmente.
- Falta de comunicación interna de modificaciones.
- Desalineación entre requisitos acordados y planificación operativa.
- Uso de información de cliente sin trazabilidad.

8.3. Diseño y desarrollo de productos y servicios

Enfoque del cambio en ISO 9001:2026: refuerzo de la trazabilidad de las decisiones de diseño, la gestión estructurada de cambios y la integración del pensamiento basado en riesgos a lo largo del ciclo de desarrollo.

1 Empresa fabricante de drones

La empresa dispone de un proceso formal de diseño y desarrollo estructurado en fases, aplicable a nuevos modelos de drones y a modificaciones significativas de producto.

El proceso incluye, como mínimo:

- Planificación del diseño (alcance, recursos, hitos).
- Definición de entradas de diseño (requisitos de cliente, normativos y técnicos).
- Desarrollo técnico multidisciplinar (hardware, software, estructura).
- Revisiones formales de diseño en hitos definidos.
- Verificación técnica de cumplimiento de requisitos.
- Validación funcional mediante pruebas en banco y en vuelo.
- Control de cambios de diseño.

La norma ISO 9001:2026 refuerza la trazabilidad de las decisiones, por lo que la empresa mantiene:

- Registros de revisiones de diseño con participantes y conclusiones.
- Matrices de trazabilidad requisito, diseño y verificación.
- Control de versiones de *firmware* y software embarcado.
- Evaluación de riesgos técnicos en cada fase (por ejemplo, FMEA de sistema).

Cuando se introduce un cambio de diseño (por ejemplo, nuevo sensor o modificación de un algoritmo de control), se activa el proceso formal de gestión del cambio, que evalúa su impacto en:

- La seguridad de vuelo.
- El cumplimiento regulatorio.
- La compatibilidad con configuraciones existentes.
- Los procesos de fabricación y verificación.

La eficacia del proceso se mide mediante indicadores de incidencias de diseño, fallos en validación, reclamaciones técnicas y retrabajos.

2 Centro de Formación Profesional en mecánica

El centro aplica el enfoque de diseño y desarrollo al diseño de nuevos programas formativos, especialidades o metodologías de enseñanza.

El proceso incluye:

- Análisis de necesidades del sector industrial y de la normativa educativa.
- Definición de competencias y resultados de aprendizaje.
- Elaboración de contenidos y secuenciación didáctica.
- Revisión técnica y pedagógica del programa.
- Validación previa a la implantación.
- Seguimiento durante el primer ciclo formativo.
- Control de cambios del programa.

La norma ISO 9001:2026 refuerza la necesidad de trazabilidad y validación basada en evidencia, por lo que el centro mantiene:

- Actas de revisión de programas.
- Correspondencia entre competencias y contenidos.
- Evidencias de validación con empresas colaboradoras cuando aplica.
- Control de versiones de programaciones.

Cuando se introducen cambios relevantes (por ejemplo, nueva tecnología de taller o ajuste curricular), el centro evalúa el impacto sobre:

- Los recursos necesarios.
- La competencia del profesorado.
- La planificación académica.
- Los resultados de aprendizaje.

La eficacia del diseño se evalúa mediante resultados académicos, satisfacción del alumnado, inserción laboral y observaciones del profesorado.

3 Evidencias esperadas en auditoría

- Planificación documentada del diseño y desarrollo.
- Entradas de diseño claramente definidas.
- Registros de revisiones de diseño.
- Evidencias de verificación y validación.
- Control formal de cambios de diseño.
- Trazabilidad entre requisitos, diseño y resultados.
- Indicadores de desempeño del desarrollo.

4 Riesgos habituales / no conformidades

- Proceso de diseño no estructurado por fases.
- Entradas de diseño incompletas o no verificadas.
- Revisiones de diseño informales o sin registro.
- Validación insuficiente antes de la liberación.
- Cambios de diseño no controlados.
- Falta de trazabilidad entre requisitos y soluciones técnicas.
- Dependencia excesiva de conocimiento tácito.

8.4. Control de los procesos, productos y servicios suministrados externamente

Enfoque del cambio en ISO 9001:2026: refuerzo del control basado en riesgos de la cadena de suministro y de la evidencia de control efectivo sobre proveedores externos.

1 Empresa fabricante de drones

La empresa mantiene un sistema estructurado de homologación y control de proveedores, con especial foco en los suministradores de componentes críticos tales como:

- Baterías de alta densidad energética.
- Sensores de navegación y posicionamiento.
- Placas electrónicas (PCB).
- Software o módulos externos integrados.

En línea con ISO 9001:2026, los proveedores se clasifican por nivel de criticidad en función de su impacto potencial sobre:

- La seguridad de vuelo.
- El cumplimiento regulatorio.
- La fiabilidad del producto.
- La continuidad de suministro.

Para proveedores críticos, la organización aplica controles reforzados que incluyen:

- Evaluación técnica previa a la homologación.
- Auditorías de proveedor cuando aplica.
- Requisitos técnicos detallados en órdenes de compra.
- Inspección reforzada en recepción.
- Seguimiento de indicadores de desempeño (calidad, plazos, incidencias).

Cuando se detectan desviaciones relevantes (por ejemplo, aumento de no conformidades en recepción), se activan acciones como la reevaluación del proveedor, el incremento de controles o la búsqueda de alternativas.

La norma ISO 9001:2026 refuerza la necesidad de demostrar la trazabilidad de los requisitos transmitidos, por lo que la empresa verifica que las especificaciones críticas se comunican de forma inequívoca a los proveedores.

2 Centro de Formación Profesional en mecánica

El centro controla a los proveedores externos que pueden influir en la calidad del servicio formativo, tales como:

- Suministradores de maquinaria y equipamiento didáctico.
- Empresas de mantenimiento de talleres.
- Proveedores de plataformas digitales educativas.
- Empresas colaboradoras para prácticas formativas.

Siguiendo el enfoque reforzado de la norma ISO 9001:2026, el centro clasifica estos proveedores según su impacto sobre:

- La calidad de la formación práctica.
- La seguridad en talleres.
- La continuidad del servicio educativo.

Para proveedores críticos (por ejemplo, mantenimiento de maquinaria de taller), el centro aplica controles como:

- Evaluación inicial de capacidad técnica.
- Revisión periódica del desempeño.
- Verificación de la correcta ejecución del servicio.
- Control de incidencias asociadas.

En el caso de empresas colaboradoras para prácticas, el centro verifica la adecuación del entorno formativo y realiza un seguimiento de la satisfacción del alumnado.

Cuando se producen incidencias repetitivas, se revisa la idoneidad del proveedor y se adoptan medidas correctivas.

3 Evidencias esperadas en auditoría

- Criterios de evaluación y selección de proveedores.
- Clasificación de proveedores por criticidad.
- Registros de evaluación inicial y seguimiento.

(continuación...)

- Evidencias de comunicación de requisitos al proveedor.
- Registros de verificación de suministros o servicios.
- Indicadores de desempeño de proveedores.
- Acciones tomadas ante desviaciones.

4 Riesgos habituales / no conformidades

- Evaluación de proveedores meramente documental.
- Falta de enfoque basado en criticidad.
- Requisitos técnicos transmitidos de forma incompleta.
- Ausencia de seguimiento del desempeño.
- Dependencia de proveedor único sin análisis de riesgo.
- Verificación insuficiente de suministros críticos.
- Control débil de servicios externalizados.

8.5. Producción y provisión del servicio

Enfoque del cambio en ISO 9001:2026: refuerzo del control operativo efectivo, la gestión de cambios en proceso y la evidencia de que la prestación se realiza en condiciones controladas.

1 Empresa fabricante de drones

La empresa realiza la producción de drones mediante procesos controlados que abarcan:

- Ensamblaje electrónico en zona ESD.
- Integración mecánica de la estructura.
- Carga y configuración del software embarcado.
- Verificaciones funcionales en banco.
- Pruebas de vuelo y validación final.

Para asegurar condiciones controladas, la organización mantiene:

- Instrucciones de trabajo actualizadas en puestos críticos.
- Criterios de aceptación definidos por fase.
- Registros obligatorios de verificación.
- Identificación del estado del producto.
- Trazabilidad de componentes críticos (por ejemplo, baterías y controladores).

La norma ISO 9001:2026 refuerza la gestión de cambios operativos, por lo que la empresa ha formalizado controles específicos cuando se producen, entre otros:

- Cambios de *firmware*.
- Modificaciones del proceso de ensamblaje.
- Sustitución de componentes críticos.
- Introducción de nuevos equipos de prueba.

Antes de implantar estos cambios, se evalúa su impacto y se actualiza la documentación aplicable.

La eficacia de la producción se evalúa mediante indicadores de retrabajo, fallos en prueba, incidencias de postventa y auditorías de proceso en planta.

2 Centro de Formación Profesional en mecánica

El centro controla la provisión del servicio formativo mediante la ejecución de las programaciones didácticas y la gestión de las actividades prácticas en talleres y en empresas colaboradoras.

Las condiciones controladas incluyen:

- Programaciones aprobadas y vigentes.
- Planificación de sesiones prácticas.
- Disponibilidad de maquinaria y herramientas.
- Asignación de profesorado competente.
- Criterios de evaluación definidos.
- Control de asistencia y seguimiento del alumnado.

En coherencia con la norma ISO 9001:2026, el centro ha reforzado el control de cambios que pueden afectar a la calidad formativa, tales como:

- Modificaciones de programación durante el curso.
- Sustituciones de profesorado en módulos críticos.
- Incorporación de nueva maquinaria.
- Ajustes en la modalidad formativa.

Estos cambios se evalúan previamente y se comunican al personal afectado para mantener la coherencia del proceso educativo.

La eficacia del servicio se evalúa mediante resultados académicos, incidencias en talleres, satisfacción del alumnado y seguimiento de prácticas en empresa.

3 Evidencias esperadas en auditoría

- Instrucciones de trabajo o programaciones vigentes.
- Criterios de aceptación definidos.
- Registros de ejecución del proceso.
- Identificación y trazabilidad cuando aplique.
- Control documentado de cambios operativos.
- Indicadores de desempeño de la producción/del servicio.
- Evidencias de control en el puesto de trabajo.

4 Riesgos habituales / no conformidades

- Instrucciones desactualizadas o no disponibles en el puesto.
- Variabilidad operativa no controlada.
- Cambios en el proceso sin evaluación previa.
- Registros incompletos o inconsistentes.
- Trazabilidad insuficiente en elementos críticos.
- Dependencia excesiva de la experiencia del operario/del docente.
- Desalineación entre lo documentado y lo que realmente se hace.

8.6. Liberación de los productos y servicios

Enfoque del cambio en ISO 9001:2026: refuerzo de la evidencia objetiva de conformidad antes de la liberación y de la trazabilidad de la autorización.

1 Empresa fabricante de drones

La empresa establece un proceso formal de liberación del producto que se ejecuta tras completar todas las verificaciones y validaciones definidas en el plan de control.

Antes de la liberación de cada dron, se verifica que existen evidencias completas de:

- Conformidad dimensional y de ensamblaje.
- Resultados satisfactorios de pruebas funcionales en banco.
- Resultados de pruebas de vuelo cuando aplican.
- Cumplimiento de requisitos regulatorios aplicables.
- Cierre de no conformidades detectadas durante la producción.

La norma ISO 9001:2026 refuerza la trazabilidad de la decisión de liberación, por lo que la empresa mantiene:

- Un registro de liberación asociado al número de serie del dron.
- La identificación del responsable autorizado para la aprobación.
- El bloqueo del producto en el sistema hasta completar verificaciones.
- El control de configuración del *firmware* liberado.

Cuando se detecta cualquier desviación pendiente, el producto queda retenido hasta su resolución formal.

La eficacia del proceso se evalúa mediante incidencias de postventa, devoluciones, análisis de fallos en campo y auditorías de producto.

2 Centro de Formación Profesional en mecánica

En el contexto educativo, la liberación del servicio se materializa en la validación formal de que el alumnado ha alcanzado los resultados de aprendizaje previstos y cumple los requisitos del programa formativo.

Antes de la emisión de calificaciones finales o certificaciones, el centro verifica que:

- Se han impartido los contenidos programados.
- Se han realizado las evaluaciones previstas.
- Se han aplicado los criterios de evaluación definidos.
- Se han resuelto incidencias académicas pendientes.
- Se cumple la normativa educativa aplicable.

En línea con ISO 9001:2026, el centro refuerza la trazabilidad de la decisión mediante:

- Actas de evaluación formalizadas.
- Identificación del profesorado responsable.
- Validación por la jefatura de estudios cuando aplica.
- Control de modificaciones de calificaciones.

Cuando existen dudas sobre la conformidad del proceso formativo (por ejemplo, faltas de asistencia o evaluaciones incompletas), se aplican medidas antes de la liberación académica.

La eficacia del proceso se evalúa mediante revisiones académicas, reclamaciones del alumnado y resultados de auditoría interna.

3 Evidencias esperadas en auditoría

- Criterios de liberación definidos.
- Registros completos de verificación previa.
- Identificación de la autoridad de liberación.
- Trazabilidad producto/servicio-registro de liberación.
- Control de productos/servicios retenidos.
- Evidencias de tratamiento de desviaciones antes de liberar.

4 Riesgos habituales / no conformidades

- Liberación basada en comprobaciones incompletas.
- Falta de trazabilidad de la aprobación.
- Registros de verificación inconsistentes.
- Presión operativa que adelanta liberaciones.
- Criterios de aceptación poco claros.
- Productos o servicios liberados con desviaciones abiertas.
- Controles informáticos sin bloqueo efectivo.

8.7. Control de las salidas no conformes

Enfoque del cambio en ISO 9001:2026: refuerzo del control oportuno de las no conformidades, de la trazabilidad de las decisiones y de la prevención de liberaciones indebidas.

1 Empresa fabricante de drones

La empresa dispone de un procedimiento formal para la gestión de no conformidades detectadas en:

- Recepción de componentes.
- Ensamblaje electrónico o estructural.
- Pruebas funcionales en banco.
- Pruebas de vuelo.
- Incidencias de postventa.

Cuando un dron o componente no cumple los requisitos, se aplican controles inmediatos que incluyen:

- Identificación visual del estado no conforme.
- Bloqueo en el sistema informático.
- Segregación física cuando aplica.
- Registro de la no conformidad con trazabilidad al número de serie.

La norma ISO 9001:2026 refuerza la claridad en la disposición, por lo que la empresa define formalmente las posibles decisiones:

- Reprocesar o retrabajar.
- Usar bajo concesión autorizada.

(continuación...)

- Reclasificar.
- Devolver al proveedor.
- Desechar.

Cada decisión requiere la aprobación por la autoridad definida y la evaluación del impacto sobre la seguridad y la conformidad.

Además, la organización analiza periódicamente las tendencias de no conformidades para alimentar:

- Acciones correctivas (capítulo 10.2).
- Mejoras de proceso.
- Revisiones de proveedores.

La eficacia del control se evalúa mediante la reducción de retrabajos, las incidencias en campo y los resultados de auditorías.

2 Centro de Formación Profesional en mecánica

En el ámbito educativo, el centro considera salidas no conformes, entre otras:

- Incumplimientos en la impartición de contenidos.
- Evaluaciones realizadas fuera de los criterios establecidos.

(continuación...)

- Incidencias en prácticas de taller.
- Errores en registros académicos.
- Desviaciones detectadas en prácticas en empresa.

Cuando se detecta una no conformidad, el centro aplica controles que incluyen:

- Registro formal de la incidencia.
- Análisis de impacto sobre el proceso formativo.
- Corrección inmediata cuando procede (por ejemplo, repetición de la práctica o reevaluación).
- Comunicación a los responsables académicos.

En línea con ISO 9001:2026, el centro ha reforzado la trazabilidad de la disposición adoptada y la verificación posterior de su eficacia.

Las no conformidades relevantes se analizan en reuniones de equipo y alimentan:

- Acciones correctivas.
- Ajustes metodológicos.
- Revisiones de programación.

La eficacia se evalúa mediante el seguimiento de incidencias repetitivas, las reclamaciones del alumnado y los resultados académicos.

3 Evidencias esperadas en auditoría

- Procedimiento de control de salidas no conformes.
- Registros completos de no conformidades.
- Identificación y segregación cuando aplique.
- Decisión de disposición claramente documentada.
- Autoridad definida para la aprobación.
- Evidencias de análisis de tendencias.
- Vinculación con acciones correctivas.

4 Riesgos habituales / no conformidades

- No conformidades detectadas, pero no registradas.
- Segregación física o informática insuficiente.
- Disposiciones poco claras o sin autorización.
- Uso de concesiones sin evaluación de riesgo.
- Repetición de fallos sin análisis de tendencias.
- Desconexión entre no conformidades y acciones correctivas.
- Tratamiento reactivo y no sistemático.

CAPÍTULO 9. EVALUACIÓN DEL DESEMPEÑO

9.1. Seguimiento, medición, análisis y evaluación

Enfoque del cambio en ISO 9001:2026: refuerzo de la toma de decisiones basada en datos fiables, relevantes y analizados en términos de tendencia y eficacia.

1 Empresa fabricante de drones

La empresa dispone de un cuadro de mando integral del SGC que incluye indicadores clave asociados a procesos críticos y riesgos identificados.

Entre los indicadores monitorizados se encuentran:

- Tasa de fallos en pruebas de vuelo.
- Incidencias de postventa en periodo de garantía.
- Porcentaje de retrabajos en ensamblaje.
- Desempeño de proveedores críticos.
- Cumplimiento de plazos de entrega.
- Resultados de auditorías internas.

La norma ISO 9001:2026 refuerza la necesidad de asegurar la fiabilidad de los datos, por lo que la organización ha implantado:

- Validación de fuentes de datos automatizadas.
- Controles de integridad de bases de datos de prueba.
- Revisión periódica de la definición de indicadores.
- Trazabilidad entre registros operativos e indicadores.

El análisis se realiza con enfoque de tendencia (mensual y trimestral), e identifica desviaciones significativas y correlaciones con cambios de proceso o producto.

Los resultados se presentan en la revisión por la dirección y se utilizan para:

- Priorizar acciones correctivas.
- Ajustar planes de control.
- Decidir inversiones en capacidad o tecnología.
- Revisar riesgos operativos.

2 Centro de Formación Profesional en mecánica

El centro mantiene un sistema de seguimiento del desempeño formativo basado en indicadores académicos y de satisfacción.

Entre los principales indicadores se incluyen:

- Tasa de aprobación por módulo.
- Tasa de abandono del alumnado.

(continuación...)

- Satisfacción del alumnado y de empresas colaboradoras.
- Porcentaje de inserción laboral.
- Incidencias en talleres formativos.
- Resultados de auditorías internas.

En línea con ISO 9001:2026, el centro ha reforzado la consistencia y trazabilidad de los datos educativos, mediante:

- Validaciones periódicas de la plataforma de gestión académica.
- Revisión de la coherencia de los registros de evaluación.
- Análisis de tendencias por ciclo formativo.
- Comparación interanual de resultados.

El equipo directivo analiza periódicamente esta información para:

- Ajustar programaciones didácticas.
- Priorizar inversiones en talleres.
- Reforzar módulos con bajo desempeño.
- Mejorar la coordinación con empresas colaboradoras.

3 Evidencias esperadas en auditoría

- Indicadores definidos y alineados con procesos y riesgos.
- Metodología de seguimiento y medición documentada.
- Evidencias de fiabilidad de los datos.
- Análisis de tendencias (no solo datos puntuales).
- Informes presentados a la dirección.
- Decisiones o acciones derivadas del análisis.
- Evaluación global de la eficacia del SGC.

4 Riesgos habituales / no conformidades

- Exceso de indicadores poco relevantes.
- Datos recopilados, pero no analizados.
- Análisis limitado a valores puntuales sin tendencia.
- Falta de evidencia de uso para la toma de decisiones.
- Indicadores desconectados de riesgos reales.
- Problemas de integridad de datos digitales.
- Cuadros de mando meramente decorativos.

9.1.2. Satisfacción del cliente

Enfoque del cambio en ISO 9001:2026: refuerzo del seguimiento sistemático de la percepción del cliente y de la utilización efectiva de esta información para la mejora del desempeño.

1 Empresa fabricante de drones

La empresa realiza el seguimiento de la satisfacción de sus clientes profesionales mediante un sistema integrado que combina múltiples fuentes de información, entre ellas:

- Encuestas de satisfacción posteriores a la entrega.
- Análisis de incidencias y reclamaciones.
- Datos de devoluciones en garantía.
- *Feedback* técnico de clientes clave.
- Resultados de soporte de postventa.

La norma ISO 9001:2026 refuerza el enfoque analítico, por lo que la organización:

- Segmenta la satisfacción por tipo de cliente y modelo de dron.
- Analiza tendencias trimestrales.
- Correlaciona reclamaciones con fallos de proceso o diseño.
- Identifica causas recurrentes de insatisfacción.

Los resultados se integran en la revisión por la dirección y se utilizan para:

- Priorizar mejoras de diseño.
- Reforzar controles en procesos críticos.
- Ajustar requisitos a proveedores.
- Mejorar la documentación técnica y el soporte.

La eficacia del sistema se evalúa mediante la evolución del índice de satisfacción, la reducción de reclamaciones y la repetición de compra por parte de clientes estratégicos.

2 Centro de Formación Profesional en mecánica

El centro evalúa la satisfacción de sus principales partes interesadas (especialmente alumnado y empresas colaboradoras) mediante un enfoque multifuente que incluye:

- Encuestas de satisfacción del alumnado por módulo y ciclo.
- Encuestas a empresas de prácticas.
- Análisis de reclamaciones y sugerencias.
- Reuniones de seguimiento con delegados de grupo.
- Indicadores de abandono y repetición.

En línea con ISO 9001:2026, el centro ha reforzado el análisis de la información, y realiza:

- Evaluación de tendencias por curso académico.
- Análisis por familia profesional o módulo.
- Identificación de causas de insatisfacción recurrente.
- Correlación entre satisfacción y resultados académicos.

Los resultados se revisan en el equipo directivo y se utilizan para:

- Ajustar metodologías docentes.
- Priorizar inversiones en talleres.
- Mejorar la coordinación con empresas.
- Reforzar módulos con menor valoración.

3 Evidencias esperadas en auditoría

- Metodología definida para el seguimiento de la satisfacción.
- Uso de múltiples fuentes de información.
- Registros de encuestas y otros datos de percepción.
- Análisis de tendencias y causas.
- Evidencias de uso de la información para la mejora.
- Presentación de resultados en la revisión por la dirección.

4 Riesgos habituales / no conformidades

- Dependencia exclusiva de encuestas formales.
- Baja representatividad de las muestras.
- Datos recopilados, pero no analizados.
- Ausencia de análisis de tendencias.
- Resultados no vinculados a acciones de mejora.
- Indicadores de satisfacción poco robustos.
- Falta de segmentación de la información.

9.2. Auditoría interna

Enfoque del cambio en ISO 9001:2026: refuerzo de la auditoría interna como herramienta de evaluación de la eficacia real del SGC y de su capacidad de adaptación a los cambios.

1 Empresa fabricante de drones

La empresa mantiene un programa anual de auditoría interna estructurado en función de la criticidad de los procesos y de los riesgos identificados.

Se consideran prioritarios, entre otros:

- Diseño y desarrollo de producto.
- Control de proveedores críticos.
- Ensamblaje electrónico en zona ESD.
- Pruebas funcionales y de vuelo.
- Liberación del producto.

La norma ISO 9001:2026 refuerza el enfoque basado en riesgos, por lo que la organización ajusta la frecuencia y profundidad de las auditorías teniendo en cuenta:

- Resultados de indicadores de proceso.
- Incidencias de postventa.
- Cambios recientes de diseño o proceso.
- Incorporación de nuevas tecnologías.

Las auditorías se realizan con enfoque de eficacia, e incluyen:

- Observación directa en planta.
- Entrevistas técnicas.
- Revisión de trazabilidad de producto.
- Verificación del control real de cambios.

Los resultados se documentan con clasificación de hallazgos, análisis de causas y seguimiento de acciones.

La eficacia del programa se evalúa mediante el cierre oportuno de acciones, la reducción de recurrencias y la mejora de indicadores de proceso.

2 Centro de Formación Profesional en mecánica

El centro dispone de un programa de auditoría interna que cubre procesos académicos y de apoyo, priorizados según su impacto en la calidad formativa.

Entre los procesos auditados con mayor frecuencia se incluyen:

- Planificación académica.
- Impartición de módulos prácticos.
- Gestión de prácticas en empresa.
- Evaluación del alumnado.
- Gestión de incidencias formativas.

En línea con ISO 9001:2026, el centro ha reforzado el enfoque hacia la eficacia real del proceso, e incorpora:

- Observaciones en aula y taller.
- Entrevistas con profesorado y responsables de área.
- Revisión de coherencia entre programación y ejecución.
- Análisis de indicadores académicos asociados.

La planificación de auditorías se ajusta cuando se producen cambios relevantes, tales como:

- Implantación de nuevos ciclos.
- Incorporación de nueva maquinaria.
- Cambios normativos educativos.
- Desviaciones significativas en resultados.

Los hallazgos se comunican al equipo directivo y se realiza un seguimiento sistemático de las acciones derivadas.

3 Evidencias esperadas en auditoría

- Programa de auditoría basado en riesgos y criticidad.
- Planes de auditoría definidos.
- Competencia e independencia de auditores.
- Informes de auditoría con enfoque de eficacia.
- Registros de no conformidades y observaciones.
- Seguimiento y cierre de acciones.
- Revisión periódica del programa de auditoría.

4 Riesgos habituales / no conformidades

- Auditorías centradas solo en documentación.
- Programa de auditoría fijo sin enfoque basado en riesgos.
- Falta de independencia del auditor.
- Hallazgos sin análisis de causa.

(continuación...)

- Acciones derivadas sin seguimiento eficaz.
- Auditorías demasiado superficiales.
- No adaptación del programa ante cambios relevantes.

9.3. Revisión por la dirección

Enfoque del cambio en ISO 9001:2026: refuerzo del carácter estratégico de la revisión por la dirección y de su papel en la toma de decisiones basada en datos y tendencias.

1 Empresa fabricante de drones

La empresa realiza la revisión por la dirección con periodicidad de, al menos, anual y revisiones parciales trimestrales para procesos críticos.

La entrada a la revisión incluye, entre otros:

- Resultados de indicadores de fiabilidad del producto.
- Incidencias de postventa y reclamaciones.
- Desempeño de proveedores críticos.
- Resultados de auditorías internas y externas.

(continuación...)

- Estado de acciones correctivas.
- Evaluación de riesgos y oportunidades.
- Cambios regulatorios aeronáuticos relevantes.
- Adecuación de recursos de ingeniería y producción.

La norma ISO 9001:2026 refuerza el análisis de tendencias, por lo que la empresa presenta la información mediante:

- Cuadros de mando evolutivos.
- Análisis comparativos interanuales.
- Identificación de desviaciones significativas.

Como resultado de la revisión, la alta dirección toma decisiones tales como:

- Inversiones en nuevos bancos de ensayo.
- Refuerzo de controles en proveedores críticos.
- Priorización de mejoras de diseño.
- Ajuste de objetivos de calidad.
- Actualización del análisis de riesgos.

Las decisiones se documentan, se asignan responsables y se realiza seguimiento de su ejecución.

2 Centro de Formación Profesional en mecánica

El centro realiza la revisión por la dirección coincidiendo con el cierre del curso académico y efectúa revisiones intermedias cuando existen cambios relevantes.

Entre las entradas analizadas se incluyen:

- Resultados académicos por ciclo y módulo.
- Tasas de abandono y repetición.
- Satisfacción del alumnado y de las empresas colaboradoras.
- Incidencias en talleres.
- Resultados de auditorías internas.
- Estado de acciones correctivas.
- Evolución de la inserción laboral.
- Adecuación de recursos docentes y de taller.
- Cambios en la normativa educativa.

En línea con ISO 9001:2026, el centro ha reforzado el análisis de tendencias y la correlación entre indicadores (por ejemplo, la relación entre satisfacción y resultados académicos).

Como salidas de la revisión, la dirección define acciones tales como:

- Actualización de equipamiento de talleres.
- Revisión de programaciones con bajo rendimiento.
- Refuerzo de la coordinación con empresas.
- Ajustes en la planificación docente.
- Redefinición de objetivos de calidad.

Todas las decisiones quedan registradas, con responsables y plazos de seguimiento.

3 Evidencias esperadas en auditoría

- Planificación de la revisión por la dirección.
- Entradas completas y coherentes con la norma.
- Análisis de tendencias (no solo datos puntuales).
- Evidencias de participación de la alta dirección.
- Decisiones y acciones claramente documentadas.
- Seguimiento de acciones derivadas.
- Evaluación de la adecuación y eficacia del SGC.

4 Riesgos habituales / no conformidades

- Revisión tratada como trámite formal.
- Análisis superficial sin enfoque de tendencia.
- Falta de conexión con riesgos y contexto.
- Ausencia de decisiones estratégicas reales.
- Acciones definidas, pero no seguidas.
- Participación limitada de la alta dirección.
- Información presentada sin análisis crítico.

CAPÍTULO 10. MEJORA

10.1. Mejora continua

Enfoque del cambio en ISO 9001:2026: refuerzo de la mejora como proceso sistemático, basado en datos y alineado con la dirección estratégica de la organización.

1 Empresa fabricante de drones

La empresa mantiene un proceso sistemático de identificación de oportunidades de mejora que integra información procedente de múltiples fuentes, entre ellas:

- Análisis de tendencias de fallos en pruebas de vuelo.
- Incidencias de postventa y devoluciones.
- Resultados de auditorías internas y externas.
- Desempeño de proveedores críticos.
- Revisiones de diseño.
- Evaluación de riesgos emergentes.

La norma ISO 9001:2026 refuerza el enfoque estratégico, por lo que la organización clasifica las oportunidades de mejora según su impacto potencial en:

- La seguridad y fiabilidad del producto.
- La robustez de procesos críticos.
- La eficiencia operativa.
- La satisfacción del cliente.

Entre las mejoras implantadas se incluyen, por ejemplo:

- Automatización de bancos de ensayo para reducir la variabilidad.
- Refuerzo de validaciones de software embarcado.
- Optimización del proceso de ensamblaje en zonas críticas.
- Mejora de la trazabilidad digital del producto.

La eficacia de las mejoras se evalúa mediante indicadores de reducción de fallos, disminución de retrabajos y mejora de la satisfacción del cliente.

2 Centro de Formación Profesional en mecánica

El centro gestiona la mejora del sistema formativo a partir del análisis sistemático de la información de desempeño, que incluye:

- Resultados académicos por módulo.
- Tasas de abandono y repetición.
- Satisfacción del alumnado.
- *Feedback* de empresas colaboradoras.

(continuación...)

- Incidencias en talleres.
- Resultados de auditorías internas.

En línea con ISO 9001:2026, el centro prioriza las mejoras en función de su impacto sobre:

- La calidad del aprendizaje práctico.
- La empleabilidad del alumnado.
- La adecuación tecnológica de los talleres.
- La eficiencia de la planificación docente.

Entre las acciones de mejora implantadas se encuentran:

- Actualización progresiva de maquinaria didáctica.
- Revisión metodológica de módulos con bajo rendimiento.
- Refuerzo de la formación técnica del profesorado.
- Mejora de la coordinación con empresas para prácticas.

El seguimiento de la eficacia se realiza mediante la evolución de indicadores académicos, satisfacción del alumnado y resultados de inserción laboral.

3 Evidencias esperadas en auditoría

- Metodología para identificar oportunidades de mejora.
- Uso de datos del desempeño del SGC.
- Priorización basada en impacto o riesgo.
- Planes de mejora definidos y ejecutados.
- Evaluación de la eficacia de las mejoras.
- Integración con la revisión por la dirección.

4 Riesgos habituales / no conformidades

- Mejora limitada a acciones correctivas reactivas.
- Falta de priorización de oportunidades.
- Proyectos de mejora sin seguimiento de eficacia.
- Iniciativas aisladas sin enfoque sistemático.
- Desconexión entre mejora y estrategia.
- Mejora declarativa sin evidencias de impacto.

10.2. No conformidad y acción correctiva

Enfoque del cambio en ISO 9001:2026: refuerzo del análisis eficaz de causas, de la proporcionalidad de las acciones y de la verificación real de la eficacia.

1 Empresa fabricante de drones

La empresa dispone de un proceso estructurado para la gestión de no conformidades que pueden originarse en:

- Recepción de componentes críticos.
- Procesos de ensamblaje.
- Pruebas funcionales o de vuelo.
- Incidencias de postventa.
- Auditorías internas o externas.

Cuando se detecta una no conformidad significativa (por ejemplo, un fallo recurrente del sistema de control de vuelo), se activa el proceso de acción correctiva que incluye:

1

Registro formal de la no conformidad, con trazabilidad al lote o número de serie.

2

Análisis de causa raíz, utilizando metodologías como los cinco porqués o el análisis de causa técnica multidisciplinar.

3

Evaluación del impacto y del riesgo, incluida la posible afectación a producto ya liberado.

4

Definición e implantación de acciones correctivas, que pueden incluir modificación de diseño, ajuste del proceso de ensamblaje, refuerzo de pruebas y acciones sobre proveedores.

5

Verificación de la eficacia, mediante seguimiento de indicadores de fallo y validaciones adicionales.

La norma ISO 9001:2026 refuerza la necesidad de demostrar que la acción ha prevenido la recurrencia, por lo que la empresa realiza revisiones específicas en ciclos posteriores de producción.

2 Centro de Formación Profesional en mecánica

El centro gestiona las no conformidades detectadas en el proceso formativo, tales como:

- Desviaciones en la impartición de contenidos.
- Incumplimientos en criterios de evaluación.
- Incidencias repetitivas en talleres.
- Reclamaciones formales del alumnado o de las empresas.
- Hallazgos de auditoría interna.

Ante una no conformidad relevante (por ejemplo, un bajo rendimiento recurrente en un módulo práctico), el centro aplica el proceso de acción correctiva que incluye:

1

Registro de la incidencia, con identificación del módulo y del grupo afectado.

2

Análisis de causa raíz, considerando factores pedagógicos, organizativos y de recursos.

3

Evaluación del impacto sobre el aprendizaje y los resultados académicos.

4

Definición de acciones correctivas, tales como revisión metodológica del módulo, refuerzo de la formación del profesorado, ajuste de la carga práctica y mejora de equipamiento.

5

Seguimiento de la eficacia, mediante comparación de resultados en cursos posteriores.

En coherencia con ISO 9001:2026, el centro presta especial atención a evitar la repetición de incidencias similares.

3 Evidencias esperadas en auditoría

- Registros completos de no conformidades.
- Análisis de causa raíz documentado.
- Evaluación del impacto y del riesgo.
- Acciones correctivas definidas y ejecutadas.
- Verificación objetiva de la eficacia.
- Seguimiento de recurrencias.
- Integración con la revisión por la dirección.

4 Riesgos habituales / no conformidades

- Análisis de causa superficial («error humano»).
- Acciones correctivas que solo corrigen el síntoma.
- Falta de evaluación de impacto en producto/servicio.
- Verificación de eficacia inexistente o débil.
- Repetición de la misma no conformidad.
- Registros incompletos o inconsistentes.
- Exceso de burocracia sin enfoque real de mejora.

6.
RECOMENDACIONES PARA LA TRANSICIÓN A LA NORMA ISO 9001:2026

La transición de la norma ISO 9001:2015 a la futura ISO 9001:2026 representa una evolución natural del sistema de gestión de la calidad hacia modelos más integrados, dinámicos y alineados con la estrategia de las organizaciones. A lo largo de este documento se ha evidenciado que la nueva versión no introduce una ruptura conceptual, sino un refuerzo de principios ya existentes.

Los principales cambios se centran en una mayor integración del sistema de gestión con el contexto, el liderazgo, la gestión del riesgo, la toma de decisiones basada en datos y la mejora continua. Asimismo, se refuerza la necesidad de que los sistemas de gestión sean herramientas reales de gestión y no únicamente estructuras documentales.

Las organizaciones que ya disponen de un sistema de gestión de la calidad maduro y eficaz encontrarán una transición progresiva, mientras que aquellas con enfoques más formales deberán realizar ajustes más profundos en su forma de gestionar.

Para abordar de forma eficaz la transición a la norma ISO 9001:2026, se recomienda a las organizaciones considerar las siguientes líneas de actuación:

- Realizar un análisis de brechas comparando el sistema actual con los nuevos requisitos.
- Revisar el análisis del contexto y de las partes interesadas, asegurando su actualización.
- Reforzar el liderazgo y la implicación de la alta dirección en el sistema de gestión.
- Integrar de forma efectiva la gestión de riesgos y oportunidades en la planificación.
- Revisar los objetivos de la calidad para alinearlos con la estrategia organizativa.

(continuación...)

- Fortalecer la gestión del conocimiento, la competencia y la concienciación del personal.
- Revisar los procesos operativos críticos y la gestión de proveedores externos.
- Potenciar el uso de indicadores y datos para la toma de decisiones.
- Utilizar auditorías internas y revisiones por la dirección como herramientas de mejora.
- Planificar la transición de forma gradual, comunicando los cambios a todas las partes implicadas.

Se recomienda planificar la transición a la norma ISO 9001:2026 como un proyecto estructurado, con liderazgo claro, recursos asignados y objetivos definidos.

En este sentido, conviene:

- Abordar la transición como un proyecto estratégico, no como una actualización documental.
- Implicar activamente a la alta dirección desde las primeras fases del proceso.
- Realizar un análisis de brechas enfocado a prácticas de gestión, no solo a requisitos.
- Priorizar los cambios con mayor impacto en la eficacia y el desempeño del sistema.
- Integrar la gestión de riesgos y oportunidades en la planificación operativa real.

(continuación...)

- Utilizar indicadores y datos como base para la toma de decisiones y la mejora.
- Reforzar la capacitación y concienciación del personal clave.
- Aprovechar auditorías internas y revisiones por la dirección como palancas de cambio.
- Planificar la transición de forma progresiva, comunicando claramente los avances.
- Evaluar el sistema tras la transición para consolidar mejoras y evitar retrocesos.

Las organizaciones que aborden la transición de forma anticipada obtendrán beneficios claros más allá del cumplimiento normativo:

- Reducción de riesgos operativos y organizativos.
- Mejor alineación entre procesos, objetivos y resultados.
- Mayor capacidad de adaptación a cambios regulatorios y del mercado.
- Sistemas de gestión más simples, eficaces y orientados al desempeño.
- Transición más fluida y sin tensiones cuando la norma sea publicada oficialmente.

El contenido de este documento ha sido elaborado mediante el análisis, la interpretación técnica y la reformulación de los requisitos normativos, y evita la reproducción literal de textos protegidos por derechos de autor. El enfoque adoptado busca garantizar la originalidad del contenido y su validez técnica para fines de implantación, transición y auditoría.

7. AUTODIAGNÓSTICO

El presente capítulo tiene como objetivo facilitar a las organizaciones un autodiagnóstico estructurado que permita evaluar su grado de adecuación a los principales cambios introducidos por la futura ISO 9001:2026. Esta lista de chequeo está diseñada como una herramienta práctica de apoyo a la transición, y no como un instrumento de auditoría formal.

Para cada elemento se recomienda valorar el grado de implantación real en la organización, e identificar brechas y oportunidades de mejora.

Escala de evaluación

0 — Inexistente.
1 — Reactivo / Informal.
2 — Definido, pero inconsistente.
3 — Implementado sistemáticamente.
4 — Integrado en la gestión.
5 — Optimizado / Predictivo.

Capítulo 4. Contexto de la organización

Evaluar si existe un mecanismo formal y periódico de revisión del contexto, la integración de cambios tecnológicos, regulatorios y de mercado, y el uso del análisis como entrada directa a la planificación estratégica. Verificar evidencias de actualización tras eventos relevantes.

Capítulo 5. Liderazgo

Evaluar la participación activa de la alta dirección en decisiones de calidad, el uso de datos reales para la toma de decisiones, la revisión de la política de calidad ante cambios estratégicos y la existencia de matrices de responsabilidades actualizadas.

Capítulo 6. Planificación

Analizar la integración real de riesgos y oportunidades en la planificación operativa, la revisión de objetivos basada en tendencias y la existencia de procedimientos formales de gestión del cambio con evaluación de impactos antes de su implementación.

Capítulo 7. Apoyo

Evaluar la planificación de recursos humanos y tecnológicos, la identificación de roles críticos, la gestión de infraestructuras digitales, la validación de datos y software de medición, la preservación del conocimiento organizativo y el control de la información documentada en sistemas digitales.

Capítulo 8. Operación

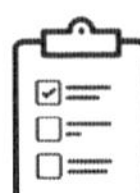

Verificar la integración del enfoque de riesgos en los controles operativos, la gestión formal de cambios en procesos, el control de proveedores críticos basado en riesgos, la trazabilidad operativa y el análisis estructurado de no conformidades.

Capítulo 9. Evaluación del desempeño

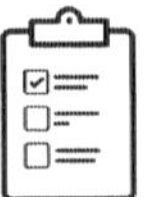

Evaluar el uso de indicadores fiables y predictivos, la orientación de las auditorías internas hacia la eficacia y la adaptación al cambio, y la revisión por la dirección con enfoque prospectivo y análisis de tendencias.

Capítulo 10. Mejora

Analizar si la mejora está alineada con la estrategia, si se aplican análisis de causa raíz profundos, si se verifica la eficacia de las acciones correctivas y si existe integración de la innovación y el aprendizaje organizativo.

Interpretación del resultado

0-1 — Sistema reactivo.
2 — Sistema formal débil.
3 — Sistema funcional.
4 — Sistema integrado.
5 — Sistema predictivo y resiliente.